Progress & Application ── *14*

Progress & Application
司法犯罪心理学

越智　啓太　著

サイエンス社

監修のことば

　心理学を取り巻く状況は，1990 年代から現在に至るまで大きく変化してきました。人間の心理を情報処理過程と見なす認知心理学は，脳科学など周辺領域との学際的な研究と相まってさらに発展を続け，他の心理学領域にも影響を与えながら大きな拡がりを見せています。また，インターネットや携帯電話の発達に見られるように，私たちの生活環境そのものも大きな変貌をとげています。教育，福祉，医療，労働などさまざまな領域では解決すべき課題が次々と立ち現れ，その解決に向けて多様なアプローチが試みられています。このような「変化の時代」において，心理学の重要性はますます高まってきたといえるでしょう。研究や実践に直接的に関わる専門家でなくとも，人々が心理学の基礎的な知識を正しく身につけ，それを社会生活の中で生かしていくことが必要とされています。

　本ライブラリは，大学生や社会人の方々に心理学のさまざまな領域のエッセンスを効率的に理解していただくことを目的に企画されました。そのために，各領域の第一線で活躍されている先生方を選び，執筆にあたっては，全体的なバランスを考慮しながら心理学の基本的事項はもとより最新の知見を積極的に紹介していただくようにお願いしました。基本的にお一人で執筆していただくという方針をとったのも，できるだけ自由にこの作業を行っていただきたいという願いからでした。その結果，各巻ともクオリティの高さと理解のしやすさを兼ね備えた内容になっています。さらに，読者の理解を助けるために，ビジュアルな表現形式を効果的に取り入れ，レイアウトにも工夫を凝らしました。新しい時代に向けたスタンダードなテキストから成る本ライブラリが，社会に生きる人間のこころと行動に関心をもつ方々のお役に立てることを確信しています。

監修者　安藤清志・市川伸一

はじめに

　本書は，2012 年に刊行された『Progress & Application 犯罪心理学』の改訂版です。元は，犯罪心理学の入門書，テキストとして執筆しましたが，公認心理師制度の発足に伴い，カリキュラムの科目に合わせて裁判・司法に関する章を加え，書名を改めました。主に，大学での専門課程の授業を念頭に置いていますが，とくに予備知識は必要ありませんので，高校生や一般の方でも気軽に読み進めることができると思います。

　司法犯罪心理学を「学んでみたい」という人は多く，また大学でも人気のある科目ですが，誤解されている点も多いのが現状です。テレビなどに登場する，事件が起きた後に誰でも考えつきそうな解釈を繰り広げたり，とってつけたような社会批判をする自称犯罪心理学者の人々を見て，「ああいうのが，司法犯罪心理学なんだ」と思っている人が多いのではないでしょうか。実際，ネット上に書かれたこの領域についてのコメントの多くがこのような誤解に基づいています。しかし，授業を受けたり，テキストを読んでしっかり勉強すれば，司法犯罪心理学が，調査データや実験研究，綿密なケースの分析などに基づいた実証的な学問であり，一般のイメージとは大きく異なっているということに気づくでしょう。

　本書は，このような実際の司法犯罪心理学の魅力をみなさんに伝えるべく書きました。

司法犯罪心理学の見取り図

　さて，司法犯罪心理学といっても取り扱う分野は広いものがあります。ま

ず，犯罪原因論といわれている分野の研究では，人間はなぜ犯罪を犯すのか
という問題について研究を行っていきます。犯罪原因論は大きく3つのアプ
ローチで研究されています。1つめは生物学的な原因論で，ここではホルモ
ンや遺伝子などと犯罪との関係について研究が行われています。2つめは心
理学的な原因論で，家族関係やメディアが犯罪にどう影響するかという問題
について研究が行われています。最後は社会学的な原因論で，ここでは社会
の構造や人間関係が犯罪とどのように関連しているのかについて研究されて
います。

　捜査心理学は，起きてしまった犯罪の犯人を検挙するために，心理学の知
識を応用していく学問分野です。犯行現場から犯人の属性を推定していくプ
ロファイリングやウソを発見するためのポリグラフ検査，人質交渉などの研
究が行われています。裁判心理学は，裁判過程における心理学的な問題を扱
います。目撃者の証言の信頼性や被告人の自白の信頼性などの問題，裁判員
の意思決定などについて研究が進められています。また，司法心理学は離婚
や子どもの養育に関する問題などを扱います。矯正・更生保護の心理学は，
非行少年や犯罪者が犯罪を再び犯さないようにするためにはどのような援助
が必要なのかについて研究し，実践する学問です。

　他にも，さまざまな犯罪がどのような犯人によってどのように引き起こさ
れるのかを分析し，捜査や矯正につなげていく犯罪者行動論，そもそも犯罪
を防止するためにはどのようにすればよいのかを検討する防犯心理学，犯罪
被害者のカウンセリングを行う被害者心理学も司法犯罪心理学の領域です。

　ところで，犯罪の概念，つまり，何が犯罪といわれ，何が犯罪といわれな
いのかは，じつは社会的に構成されたものなのです。たとえば，人を殺して
しまうことさえ，戦争の中で行われた場合には罪に問われません。そこで，
司法犯罪心理学の研究は，法学，行政学や社会学との関連が重要になってき
ます。とくに社会学的な観点から犯罪を分析する犯罪社会学，法律や行政の
観点から犯罪現象を分析し，より適切な司法システムを構築していくことを
目指す刑事政策学（刑事学）などの研究は重要です。

　本書では，第 1 章から第 3 章で犯罪原因論を，第 4 章から第 7 章で犯罪者行動論を，第 8 章で捜査心理学を，第 9 章で司法・裁判心理学を，第 10 章で防犯心理学を，第 11 章で矯正・更生保護の心理学を取り扱っていきます。

本書の特徴

　司法犯罪心理学のテキストは何冊か出ており，その中には優れているものも少なくありません。最も多いのは，矯正・更生保護の心理学を中心に扱ったものです。

　これらに対して，本書は犯罪原因論と犯罪者行動論を中心に執筆しています。ですから，章立てもこれまでのテキストとは異なり，中心的な部分は，暴力犯罪や性犯罪など罪種別の構成になっています。以前は，「犯罪」は違法行為として，1 つのまとまった概念として扱われていましたが，近年では，窃盗は窃盗，殺人は殺人のように，同じ違法行為であっても異なるものとして扱われるようになりました。そのため，研究においても罪種ごとに掘り下げていく必要があると考える研究者が多くなっています。そこで本書でもそのような構成にしました。

　司法犯罪心理学は，古くからさまざまな研究がなされてきましたが，プロファイリング研究をきっかけとして，最近とくに多くの新しい研究が行われ，まさに急激に進歩しつつある分野になっています。本書を読んで，司法犯罪心理学に興味を持ってもらえれば，そして，さらには自分でも研究してみたいと思っていただければ幸いです。

　本書を刊行するに当たって，まずライブラリ監修の安藤清志先生，市川伸一先生にお礼を申し上げます。そして，サイエンス社の清水匡太氏にもお礼を申し上げなければなりません。氏のきめ細やかなアドバイスによって本書を形にすることができました。また，法政大学と法政大学大学院，それに専修大学，立教大学，東京都立大学，学習院大学などでの私の授業に寄せられた多くのコメントは，本書をつくりあげていく中で大きな力になっています。

私の授業を受講してくださっている学生さん一人ひとりに感謝を捧げたいと思います。

　みんな，ありがとう！

　　令和2年8月

　　　　　　　　　　　　　　　　　　　　　　　　越 智 啓 太

目　　次

viii 目　次

目　　次　　　　ix

第 **1** 章

犯罪の
生物学的原因論

　犯罪はなぜ起こるのでしょうか？　これは，古くからわれわれを悩ませてきた問題です。しかし，この問題が科学的な研究の対象にされたのは，それほど昔のことではありません。

　犯罪の原因をさぐるアプローチには大きく分けて３つのものがあります。１つめは犯罪者の生物学的な特性に原因を求める生物学的アプローチ，２つめは犯罪者の性格や生育環境などに原因を求める心理学的アプローチ，そして３つめは社会の構造や社会環境に原因を求める社会学的アプローチです。

　本章では，まず，生物学的アプローチについて見ていくことにしましょう。

1.1　犯罪の生物学的原因論研究のはじまり

1.1.1　ロンブローゾの「犯罪人」理論と犯罪人類学的アプローチ

　犯罪の原因について，はじめて実証的な研究を行ったのは，精神病院や刑務所で長い臨床経験を持つイタリア人医学者のロンブローゾ（Lombroso, C.：1836-1909；図 1.1）でした。

　彼は，刑務所に収監されている**犯罪者**と犯罪者でない人々とを比較し，その違いを明らかにすることによって，犯罪の原因を突き止めようと考えました。当時は，心理テストもありませんし，心理学の理論も発達していませんでした。そこで，彼が使ったのは，当時脚光を浴びていた身体測定技術でした。彼は，900 人近くの犯罪者と，ほぼ同じ人数の兵士の身体や解剖学的データを測定し，それらを比較しました。そのため，彼のアプローチは「生物学的」というよりは「人類学的」なものとして知られています。彼の研究データの一つを**表 1.1** に示しておきます。

　その結果，犯罪者は，非犯罪者に比べて次のような身体的特徴を持っていることが示されました。すなわち，①小さな脳，②厚い頭蓋骨，③大きな顎，④狭い額，⑤大きな耳，⑥異常な歯並び，⑦鷲鼻，⑧長い腕，です。また，精神的特徴としては次のものがあげられました。①道徳感覚の欠如，②残忍性，③衝動性，④怠惰，⑤低い知能，⑥痛感の鈍麻，などです。

　彼は，これらの特徴は人間というよりも，動物に近いものであるということに気づきました。そこで，彼は，①犯罪者は生まれつき犯罪を犯すように運命づけられている人類学上の一変種（犯罪人類）である，②犯罪者は身体的，精神的な特徴を持っており，これにより一般人と識別することができる，③犯罪者は隔世遺伝により「先祖返り」したもの，あるいは退化したものである，という考えに至り，1876 年に『犯罪人（*L'uomo delinquente*)』という著作を発表したのです。

　ロンブローゾの説は，現在から見ればたくさんの問題点を持っています。たとえば，犯罪者の身体的特徴が劣っているように見えても，それゆえに彼

図 1.1　ロンブローゾ

表 1.1　ロンブローゾによる犯罪者と兵士の頭蓋骨異常
の分布率の差（Bernard et al., 2001）

	殺人による懲役刑・拘禁刑者	非 犯 罪 者
頭蓋骨に異常なし	10.01%	37.2%
1〜2 個の異常	52.00%	51.8%
3〜4 個の異常	33.24%	11.0%
5〜6 個の異常	4.45%	0.0%
7 個以上の異常	0.30%	0.0%

らが犯罪者なのではなく，犯罪者であるがゆえに，生活水準が劣悪になり，栄養状態が悪化した結果，身体的特徴や精神的特徴が劣ってしまった可能性もあります。つまり，因果関係が逆である可能性があるのです。実際，現在の刑務所で，同様の調査を行っても彼と同じ結果が得られることはありません。

　しかし，彼は犯罪という現象を実証的な方法によって研究したという点で偉大な犯罪研究の創始者といえるでしょう（コラム 1.1）。

1.2 犯罪と遺伝

1.2.1 犯罪は遺伝するのか

　その後，犯罪の生物学的な原因論をめぐる研究はさまざまな形で発展していくことになりました。このアプローチをとった研究者たちが大きな問題としてとらえていたものの一つに「犯罪行動は**遺伝**するのか，それとも環境の中で学習されるのか」というものがあります。この問題を検討するための方法として，①家系研究，②養子研究，③双生児研究があります。それぞれの研究について見ていきましょう。

1.2.2 家 系 研 究

　家系研究は，犯罪者を輩出する家系を見つけ出すことによって犯罪の遺伝規定性を示そうとする方法論です。身体的疾病においては糖尿病になりやすい糖尿病家系や，ガンになりやすいガン家系があるといった話が聞かれますが，この犯罪版を探すというものです。もし，犯罪が遺伝するならば犯罪者を生み出しやすい家系が発見されるはずです。

　研究の結果，実際にいくつかの犯罪者家系が発見されました。有名な例としては，ゴダード（Goddard, H. H.）の報告したカリカック家，ダグデイル（Dugdale, R.）の報告したジューク家があります。

　ダグデイルは，マックス・ジュールという男性と，アーダ・ヤルクスとい

コラム 1.1　ロンブローゾの大胆で過激な「犯罪人類学」

　ロンブローゾの「犯罪人類学」は，実証主義的に犯罪を研究した最初の試みとして大変評価できるものなのですが，彼の考えは今から見るとあまりに大胆で過激なものでした。そのうちの2つを紹介しましょう。

1. 犯罪人類学的方法を用いた科学捜査

　ロンブローゾは，犯罪人類学的な手がかりを犯罪捜査や裁判に用いることも可能だと考えていました。つまり，捜査官の取調べ技術などの主観的なスキルによってでなく，容疑者の外見上の特徴を用いて，客観的に犯人を明らかにすることができると考えたのです。彼は，2人の子どものうちのどちらかが母親を殺したという事件について，一方の子どもを犯人として，その根拠を次のように述べています。「この子どもは，大きな顎，額のくぼみ，張ったほお骨，薄い上唇，大きな門歯，異常に大きな頭，触覚の鈍麻がある。これは生来性犯罪者の最も典型的なタイプである」。また，別の事件では，強盗殺人事件の容疑者の男について，このように述べています。「この男は，大きな耳，大きな顎骨，張ったほお骨，狐に似た突起，前頭骨の分裂，年齢にふさわしくないしわ，人相の悪さ，鼻が右に曲がっていること，瞳孔が動かないこと，胸に妻の名前を入れ墨していること，賭け事が好きなこと，なまけものであることなどからどう見ても，犯罪者である」。もちろん，このような方法論は今から見れば全く科学的でないものです（実際，後者の人物は犯人ではありませんでした）。

2. 犯罪人類学的な犯罪者処遇論

　ロンブローゾは生来性犯罪者が強盗や殺人をするのは，彼らの本性がそうであるからだと考えていました。そして，その矯正可能性についてもきわめて悲観的な見解を持っていました。「彼らにどのような社会的治療を施したとしても，岩山に立ち向かうようなもので，効果はない。この事実こそが，彼らを死をもってでもわれわれの社会から排除するようにわれわれを駆り立てるのである」。そう，ロンブローゾは生来性犯罪者は死刑などによって社会から排除してしまおうという説を唱えていたのです。しかも，彼はスクリーニング，つまり，実際にはまだ犯罪を犯していない人物や子どもについても彼の方法を用いてあらかじめ選別することまで考えていました。そして，早いうちから彼らを僻地に隔離してしまい，継続的に監視すればよいと考えていたのです。もちろん，この隔離は終身的なもので，決して一般社会に戻してはならないと述べています。

う女性の子孫709名を調査したところ，140人が犯罪者となっていることを
示し，その家族を「退化家族」であると指摘しました。その後，エスタブル
ック（Estabrook, A.）は，9代にわたるジューク家を調査して，2,820人の子
孫のうち，171人が犯罪者となっていることを発見しました。

　このように，犯罪者を輩出する家系は実際に存在します。しかし，だから
といって，犯罪は遺伝するという結論がすぐに出てくるわけではないことに
注意しなければなりません。なぜなら，同じ家系は，その生活様式や経済水
準など，環境においても非常に似通っている可能性が大きいからです。

1.2.3　養子研究

　養子研究では，幼いころに養子に出された子どもを追跡調査して，その子
どもが犯罪者になったかどうかということと，実親の犯罪傾向，育ての親の
犯罪傾向を比較するというアプローチをします。もし，子どもの犯罪傾向が，
実親（生物学的両親）の犯罪傾向と関連していれば，遺伝の効果が大きく，
育ての親の犯罪傾向と関連していれば，環境の影響が大きいと判断するわけ
です。

　この方法論で行われた研究のうち，最も大規模で精度の高い養子研究は，
デンマークにおいて，メドニックらのグループ（Mednick et al., 1984）によ
って行われたものです。彼らは第1研究では，1927〜1941年にコペンハー
ゲン付近で生まれ，親族以外と養子縁組みした男子1,145組，第2研究では，
1924〜1947年にデンマークで縁組みが成立した14,427件の養子について研
究を行いました（**表1.2**）。

　その結果，育ての親による影響も存在するものの，生みの親の影響が非常
に大きいということが明らかになりました。ただし，最も犯罪が多く発生す
るのは，生みの親も育ての親も両方とも犯罪者である場合であり，この場合，
犯罪率は急激に大きくなりました。同様な研究は，ボーマン（Bohman,
1996）をはじめとして，スウェーデンやアメリカのアイオワ州，ミズーリ州
などでも行われましたが，その多くは同様の結果を示しています。つまり，

表 1.2 養父と生物学的父親の犯罪歴と本人の犯罪
歴の関係（上表：Mednick et al., 1984, 下
表：Bohman, 1996）

【メドニックら（1984）の研究】

		生物学的父親の犯罪歴	
		あり	なし
養父の犯罪歴	あり	24.5%	14.7%
	なし	20.0%	13.5%

【ボーマン（1996）の研究】

		生物学的父親の犯罪傾向	
		高い	低い
養父の犯罪傾向	高い	40.0%	6.7%
	低い	12.1%	2.9%

数値は生物学的父親と養父の犯罪歴，犯罪傾向別に
見た，子どもが犯罪を犯した割合を示しています。
メドニックらのデータによれば，養父，生物学的父
親の両方が犯罪歴を持っていた場合，子どもの
24.5％が犯罪歴を持つことを示しています。遺伝
（生物学的父親の影響）と環境（養父の影響）の両
方がありますが，データから見ると，前者のほうが
大きいことがわかります。

犯罪傾向は，ある程度遺伝することが示されたのです。

1.2.4　双生児研究

　双生児研究は，一卵性双生児と二卵性双生児の類似性の程度を調べることによって，ある特性の遺伝規定性を調べる方法です。一卵性双生児は遺伝子が全く同じですが，二卵性双生児は兄弟と同じなので共通する遺伝子は2分の1です。したがって，同じ環境で育った，一卵性双生児と二卵性双生児を比較して，もし，一卵性双生児間の類似性のほうが二卵性双生児間の類似性よりも大きいのであれば，その特性に遺伝規定性があると考えられます。これに対して，差がなければ，その特性は環境によって生じたということになります。このような方法論で，最初に研究を行ったのは，ランゲ（Lange, 1929）です。彼は双生児の一方に刑務所収容歴がある場合，もう一方も収容歴があるのは，一卵性双生児で77％，二卵性双生児で12％ということを示しました（表1.3）。また，クリスチャンセンは，1881～1910年の間にデンマークで生まれた双生児のペアを対象にして調査を行いました（Christiansen, 1977）。その結果，一卵性双生児の犯罪の一致率は男女込みにしたデータで33％，二卵性双生児の一致率は，12％になりました。

　表1.3に見られるように，この方法で行われたほとんどすべての研究で，一卵性双生児の犯罪一致率は二卵性双生児のそれに比べてかなり大きいことが報告されています。つまり，この結果も犯罪傾向が遺伝することを示しています。

1.2.5　犯罪はどの程度遺伝するのか？

　これらの研究を総合してみると，犯罪行動の遺伝について否定的な結果を示した研究もあるものの，多くの研究が遺伝するということを示す結果になっています。

　では，遺伝は犯罪にどの程度の影響を及ぼすのでしょうか。リーとワルドマンは，独立に行われた42の双生児研究と，10の養子研究をメタ分析（多

表 1.3 双生児研究による犯罪・非行の一致率 (Ishikawa & Raine, 2001 を基に作成)

研 究	研究対象地域	一卵性双生児 一致率	二卵性双生児 一致率
【犯　　罪】			
ランゲ（1929 年）	ドイツ	77%（13）	12%　（17）
レグラス（1932 年）	オランダ	100%　（4）	0%　（5）
ロサノフら（1934 年）	アメリカ	76%（38）	22%　（23）
クランゼ（1935 年）	プロシア	66%（32）	54%　（43）
ストゥープル（1936 年）	ドイツ	60%（15）	37%　（19）
ボーグストローム（1939 年）	フィンランド	75%　（4）	40%　（5）
スレイター（1953 年）	イギリス	50%　（2）	30%　（10）
吉益（1961 年）	日本	61%（28）	11%　（18）
ダルガードとクリングラー（1976 年）	ノルウェー	26%（31）	15%　（54）
クリスチャンセン（1977 年）	デンマーク	33%（85）	12%（147）
クロニンジャーら（1987 年）	デンマーク	34%（73）	18%（146）
セントウォールら（1989 年）	アメリカ	15%（47）	2%　（62）
【非　　行】			
ロサノフ（1934 年）	アメリカ	100%（29）	71%　（17）
クランツ（1937 年）	プロシア	69%（16）	59%　（22）
スグマチ（1954 年）	日本	80%（10）	20%　（5）
ミツダ（1961 年）	日本	73%（15）	75%　（4）
ハヤシ（1967 年）	日本	80%（15）	75%　（4）
シールズ（1977 年）	イギリス	80%　（5）	78%　（9）

（　）内は研究対象の双生児のペア数。

くの研究を統合して正確な値を推定する方法）して，その影響力を推定しています（Rhee & Waldman, 2002）。その結果，攻撃性の遺伝規定率は 0.44，反社会的行動の遺伝規定率は 0.47 となりました（遺伝の影響がまったくない場合 0，遺伝の影響のみしかない場合 1）。

　また，犯罪の遺伝規定性は暴力行動に関するものよりも財産犯罪に関するもののほうが大きいという結果も，いろいろな研究者によって示されています。たとえば，クロニンジャーとゴッテスマンの研究では，財産犯の遺伝率は 0.78 なのに対して，暴力犯罪は 0.50 となっています（Bohman et al., 1982；Cloninger & Gottesman, 1987；Mednick et al., 1984）。

　また，ライオンズは，ベトナム戦争に従軍した双生児の自己報告による犯罪データについて分析を行ったところ，若いころの犯罪行動に関しては環境の効果が大きく，初期の逮捕歴に関しては環境と遺伝の両方の効果が，15 歳以上の逮捕歴，犯罪行動，複数回の逮捕歴に関しては遺伝による効果が大きいことがわかりました（Lyons, 1996；表 1.4）。さらにイシカワとレインは，今まで行われた，一般犯罪と非行の双生児研究をまとめていますが，一般犯罪に比べて，非行では一卵性双生児と二卵性双生児の一致率の差が小さく，環境の影響が大きいことを報告しています（Ishikawa & Raine, 2001）。

1.2.6　犯罪遺伝子は存在するのか？

　以上述べてきたように，犯罪の遺伝に関する実証研究は，驚くべきことにそれが遺伝する可能性を示してきています。これは，何らかの「犯罪遺伝子」の存在を意味するものなのでしょうか（コラム 1.2）。

　現在，多くの研究者は必ずしもそのように考えてはいません。人間の行動は，ある種の遺伝病のようにその遺伝子があるから必ず発症するといったものではなく，むしろ，遺伝的な素因が環境と相互作用する中で現れてくるというものだからです。犯罪の場合，攻撃性，衝動制御の低さ，刺激希求性，共感性の低さなどの犯罪と結びつく可能性のある性格特性が遺伝し，それがある環境の中で犯罪行動と結びついていると考えられるのです。

表1.4 ベトナム戦争の従軍兵を対象とした犯罪の双生児研究 (Lyons, 1996)

	一卵性双生児一致率	二卵性双生児一致率	遺 伝	共 有 環 境	非共有環境
逮捕歴（若年時）	.73	.53	.39	.34	.27
逮 捕 歴	.45	.30	.30	.15	.55
逮捕歴（複数回）	.47	.28	.39	.08	.53
犯罪行動（若年時）	.42	.37	.11	.32	.58
犯 罪 行 動	.47	.32	.30	.17	.53

左側の数字は，一卵性，二卵性双生児における一致率，右側の数字は，遺伝，共有環境（双生児が共有している環境の影響），非共有環境（双生児が共有していない個々人の環境の影響）それぞれの影響度を示しています。遺伝＞共有環境の場合，遺伝の効果が大きいことを，遺伝＜共有環境の場合，環境の効果が大きいことを，遺伝＝共有環境の場合，遺伝と環境と両方が同じくらい影響を及ぼしていることを意味します。

コラム 1.2　戦士の遺伝子仮説

　犯罪や攻撃性に関する遺伝子を探索する過程で，近年論争をよんだ問題として MAOA 遺伝子に関する問題があります。ブルーナーらのグループは，攻撃的な特徴が顕著に現れる家系を分析し，彼らには，モノアミン酸化酵素を作り出す MAOA 遺伝子に問題があり，それが機能しないことが攻撃性を増加させているのではないかという説を示したのです（Brunner et al., 1993）。この説が注目を浴びたのは，その後，ニュージーランドのマオリ族は，ヨーロッパ系ニュージーランド人に比べ，低レベルの MAOA を生産する遺伝子を持っていることが明らかになってからです。マオリ族にギャンブル依存や非行，犯罪が相対的に多いのはこの遺伝子のせいなのではないかと報じられたのです。マオリ族の戦士の踊りハカは世界的に有名だったこともあり，これは戦士の遺伝子仮説（warrior gene hypothesis）とよばれました。しかし，この報道についてはマオリ族の社会的経済的な貧困の実態から目を背けさせるものに過ぎないなどの批判が巻き起こりました。

　もちろん，これらの特性は，遺伝したからといってその人間が必ず犯罪を犯すように「運命づける」ような性質のものではありません。また，それらの特性は，教育などの環境の介入によって変化させることが可能であると考えられています。

　メドニックらの家系研究においても，実親が犯罪者であっても育ての親が犯罪者でなければ，80％の人々は犯罪を犯しません。

　さらに，たとえ，攻撃的な特徴を持っていたとしても，それは文脈によっては勇敢さなどの特性として現れ，犯罪とは逆にすぐれた業績に結びつく場合もあることに留意しなければなりません。

1.3 ホルモンと犯罪

1.3.1 犯罪行動の生物学的基礎を求めて

　現在の犯罪における生物学的な要因の研究は，犯罪行動に影響している生物学的な対応物を発見することが中心となっています。この領域では今まで，多くの要因について研究が行われてきました。ホルモン，神経伝達物質，染色体，体内微量金属，などがその例です。中でも注目されることが多いのがホルモン（hormon）の要因です。ホルモンは内分泌器官で合成，分泌され，ほかの標的器官の機能を促進・抑制し，外界の変化に対して生物体の内部機能を調整する役割を持つ物質です。

1.3.2 テストステロンと攻撃性・犯罪

　犯罪との関連が議論されることが多いホルモンとしてよくあげられるものに男性の性ホルモンであるテストステロン（testosterone）があります。このテストステロンの量が多いと，人は攻撃的になるのではないかというのです。確かに，人間以外の多くのほ乳類においては，テストステロンの量と攻撃性との間に強い関連があることが知られています。では，人間ではどうでしょうか。

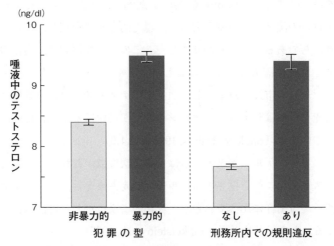

図 1.2　テストステロンと犯罪の関係（Dabbs & Dabbs, 2000）
ダブスは，受刑者のテストステロン濃度を測定しました。その結果，暴力犯は非暴力犯よりも，刑務所内での規則違反があるものは，ないものよりもテストステロン濃度が高いことがわかりました。

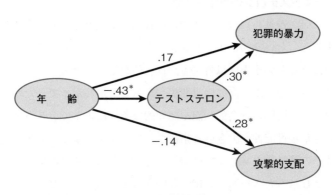

図 1.3　女性のテストステロン量と攻撃行動（Dabbs & Dabbs, 2000）
数字は，パス係数でそれぞれの要素の相関関係を示します（＊がついているものが有意）。0 は無相関，正の値は正の相関，負の値は負の相関を示します。女性でも，テストステロンの量は犯罪的暴力と攻撃的支配を増加させます。

　ダブスとダブスは，113人の受刑者の唾液の中に含まれるテストステロン
の濃度を調査しました（Dabbs & Dabbs, 2000；図1.2参照）。その結果，テ
ストステロンの濃度の高い受刑者ほど，暴力的な犯罪を犯し，刑務所内の規
則を破りがちであることがわかりました。このような傾向は，男性の囚人だ
けでなく，女性の囚人でも見られました（図1.3参照）。また，バンクスと
ダブスは，一般の市民を対象にして血液中のテストステロンの濃度と非行の
関係を研究し，やはりテストステロンの濃度が高いほど，非行行動が多いこ
とを示しています（Banks & Dabbs, 1996；表1.5）。

　さらに，フィンケルシュタインらは，第2次性徴が遅れている患者に治療
としてテストステロンを投与するホルモン補充治療を行うと，プラセボ（偽
薬）を使った統制群に比べて患者が「攻撃的になった」と自己報告すること
が多くなることを示しました（Finkelstein et al., 1997）。

　これらのことから，テストステロンは人間においても**攻撃性**を促進し，そ
れが犯罪や非行に結びついてしまうのだと考えられそうです（**表1.6**）。

1.3.3　テストステロンの複雑な効果

　しかし，研究が進むにつれ，問題はそれほど単純でないということもわか
ってきました。というのはチンパンジーなどでは，テストステロンが多いか
ら攻撃的になるという方向以外にも，社会的な地位がテストステロンの濃度
を変化させるといった方向の因果関係もあることがわかってきたからです。
人間においても周囲の社会的状況や認知的な条件によってテストステロンの
量が左右される可能性が大きいと指摘されています。また，テストステロン
の効果はその絶対的なレベルではなく，その人が属している集団の中の相対
的な位置とむしろ大きな関係を持つということも明らかになってきました。
つまり，同じテストステロンレベル（量）の人でも，高テストステロンレベ
ルの集団では，比較的おとなしく礼儀正しい人物であり，低テストステロン
レベルの集団では攻撃的で粗野な人物になりうるのです。このようなことか
ら，現在では，テストステロンの濃度と攻撃性や非行・犯罪の間の関係はか

表 1.5　**テストステロンレベル (量) と非行行動** (Banks & Dabbs, 1996)

	平均的レベル	高 レ ベ ル	リ ス ク 比
少年時の非行	12%	18%	1.5
成人期の非行	10%	23%	2.3
強力な薬物の使用	10%	25%	2.5
マリファナの使用	22%	48%	2.2
アルコールの濫用	12%	16%	1.3
軍隊での無許可離隊	6%	13%	2.2
多数の性的パートナー	23%	32%	1.8

リスク比は平均レベルのテストステロンを持つものと，高レベルのテストステロンを持つものの反社会的行動の経験比率を示しています。

表 1.6　**言語的・身体的暴力尺度得点とテストステロンレベルの相関** (Olweus et al., 1988)

項　目	相関係数
言語的暴力尺度	
不公平なことをされると怒り，反発する	0.18
私の場所に割り込まれるとここは俺の場所だと抗議する	0.24
教師が私を批判すると言い返して反発する	0.33
教師が約束を反故にすると私は抗議する	0.19
私を顎で使おうとするやつがいると私は強く反発する	0.33
身体的暴力尺度	
少年が私に殴りかかってきたら，私も殴り返す	0.33
私といるのを嫌がっているやつがいたら逆に近づく	0.37
誰かにからかわれたら，そいつをひっぱたいてやる	0.15
学校で同級生とけんかをする	0.05
子どもたちの中でけんかのつよいやつを賞賛する	0.11

なり複雑であり，一概にテストステロンの濃度によって人は攻撃的になるという結論を出すことはできないと考えられています（福井，2011a）。

また，遺伝的特性と同様に，テストステロンの濃度は文脈によっては勇敢さなどの行動を促進することも忘れてはなりません。たとえばダブスとダブスは，消防士の勇敢さとテストステロン濃度が関連を持っていることを示しています（Dabbs & Dabbs, 2000）。

1.4 神経伝達物質と犯罪

1.4.1 精神活動と神経伝達物質

神経伝達物質はニューロン（神経細胞）とニューロンの間の化学伝達を担う物質ですが，これは人間の精神活動と密接に関係していることが指摘されています。たとえば，精神疾患の多くはこの神経伝達物質の異常と関連していることがわかっています。さて，神経伝達物質の中にもドーパミンやノルエピネフリンなどのさまざまなものが存在するのですが，その中で，犯罪や暴力との関係で注目されているのは，セロトニンとよばれているものです。

1.4.2 セロトニンと犯罪

セロトニン（serotonin）は中枢神経系の情報伝達を安定化させる機能を持っていると考えられている神経伝達物質です。脳内では抑制系の効果を示す場合が多いことがわかっています。そのため，このセロトニンがうまく働かないことによって，衝動的で無思慮な行動に対する生物学的なブレーキがきかなくなり，攻撃行動が増加するのではないかと考えられています。

これをはじめて実証したのは，ブラウンらです（Brown et al., 1979；図1.4）。彼らは，兵士を参加者にして，彼らにけんかや暴行の件数や，問題行動の件数について自己申告させるとともに，起床時の脳脊髄液を採取して，その中の5-HIAA（セロトニンの前駆物質）の濃度と攻撃行動の関係について調べました。その結果，暴力行動の分散の85％をセロトニンの効果で説

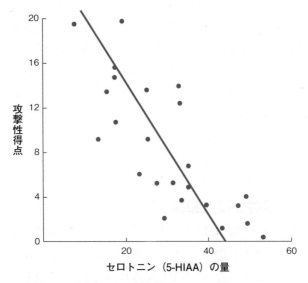

図 1.4 **ブラウンらの実験結果**（Brown et al., 1979）
セロトニンの前駆物質である5-HIAAが多いほど，攻撃性得点は，低くなります。

コラム 1.3　犯罪の原因としての大気中鉛濃度

犯罪に関係する物質としてあげられているものの一つに鉛があります。鉛への暴露はとくに幼児の脳の発育に悪影響を与え，前頭前皮質を損傷します。この部位は，衝動を抑制する機能を持っているため，この損傷によって衝動的暴力が生じやすくなるというのです。

ところで，以前，ガソリンには鉛が含まれており，大気中に排気ガスとして放出されていました。しかし，アメリカでは，1975年ごろから規制によって有鉛ガソリンは急激に減少し，その結果として大気中の鉛濃度は急減しました。その約20年後からアメリカでは急激に犯罪が減少し始めました。暴力犯罪のピークは20代ですから，この減少の理由の一つは，この世代が幼児期のころから大気中における鉛濃度が急激に減少したことにあるのかもしれないと考えられています（Nevin, 2000）。

明できることが示されました。その後の研究ではこれほど高い説明力は見出されなかったものの，これらの関係は比較的一貫して検出されています。また，クロケットらは，セロトニンを作り出すのに必要なトリプトファンを制限すると攻撃行動が増加することなどを実験的に示しています（Crockett et al., 2008）。うつ病は，セロトニンの働きが不十分なことが原因の一つだと考えられています。うつ病では，攻撃性が高まったり，いらいらが生じやすくなることもあり（易怒性，易刺激性），これもセロトニンと攻撃性が関係している証拠と考えられています。

1.5 条件づけと犯罪

アイゼンク（Eysenck, H. J.）は，犯罪傾向はその人の**条件づけのしやすさ**に関する個人差と密接に関係していると考えました。たとえば，われわれは悪いことをすると怒られたり，刑務所に入れられるなどの罰を受けます。これによって，悪いこと（行動）が罰と結びつき，悪いことを行わないようになっていくと考えられます。ところが，この条件づけのメカニズムがうまく働かない場合には，たとえ罰が与えられたとしても悪い行動は減少しないことになります。

また，罰に対して感受性が低い場合にも条件づけしにくくなることが予想されます。アイゼンクは，外部からの刺激に対して鈍感であることと犯罪傾向に関係があることを示しています。

レイン（Raine, 1993）らは，犯罪者は，**皮膚電気反射**の反応が鈍いことを示しています。これは，刺激に対する皮膚電気反射の半減期（**図 1.5**）などで測定されます。皮膚電気反射は条件づけのしやすさの一つの指標なので，アイゼンクの理論を生理学的な観点から裏づけたデータといえるでしょう（**表 1.7**）。

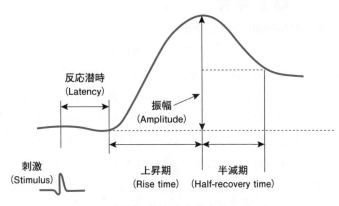

図 1.5　皮膚電気反射の生理的反応指標

表 1.7　反社会的行為者の皮膚電気反射の特徴

研　究	実 験 群	統制群との差異
ヒントンら（1979）	通りすがりの人に対する暴力犯罪の再犯者	半減期が有意に長い
レベンダーら（1980）	性格検査で社会性が低いとされたもの	半減期が有意に長い
ヘミング（1981）	家庭環境はよいが犯罪を行ったもの	半減期が有意に長い
バークハイゼンら（1985）	一般的な犯罪者	半減期が有意に長い
バークハイゼンら（1985）	脱税の犯人	半減期が有意に長い
バークハイゼンら（1989）	若年期における犯罪者	半減期が有意に長い
バークハイゼンら（1989）	警察官に対する暴行犯	半減期が有意に長い
ベナブル（1989）	9 歳時点でのけんかの問題	半減期が有意に長い
レイン（1990）	サイコパス傾向者	半減期が有意に長い
レインとベナブル（1988）	サイコパス	有意差はない

1.6 脳 と 犯 罪

1.6.1 殺人犯人の脳についての研究

　近年，注目されているのが，脳機能と犯罪の関係についての研究です。た
とえば，レインは，41 人の殺人犯人と同数の統制群に対して，PET という
装置を用いて，脳にどのような違いがあるかを検討しました（Raine, 1993；
図 1.6）。実験参加者は，画面に〇印が現れると反応ボタンを押すという単純
な課題を 32 分間行いました。この課題の実行にはある程度の集中力が必要
です。分析の結果，殺人犯人は脳の**前頭前皮質**といわれている部位の働きが
弱いことが示されました。前頭前皮質は，事前に計画を立て，行動を調整し，
衝動を抑制し，集中力を維持する機能があることがわかっています（図 1.7）。
つまり，この部位が十分に働いていないことによって怒りがコントロールで
きなくなり，衝動的な暴力が発生するメカニズムがあるのではないかという
のです。

1.6.2 前頭前皮質の障害と攻撃行動

　攻撃行動と前頭前皮質の関連については，他にも脳を損傷した患者の研究
からも明らかになっています。たとえば，フィニアス・ゲージ（Phineas P.
Gage）のケースがあります。彼は建設工事中の事故で，鉄棒が脳に突き刺
さるという大怪我を負い，前頭前皮質が破壊されました。幸いにも一命はと
りとめましたが，性格がすっかり変わってしまい，気まぐれで移り気で攻撃
的な人物になってしまいました。また，アントニオ・バスタマンテという衝
動的な殺人者は，20 歳までとくに大きな犯罪を犯したこともない普通の人
物でしたが，20 歳のときにバールで頭を叩かれ前頭前皮質を挫傷してから，
衝動的な人格に変容し，犯罪者となって，最終的には空き巣に入った家で高
齢者を殺害するという事件を引き起こしてしまいました。一方で，冷静沈着
で計画的に犯罪を遂行する連続殺人犯人の中には，前頭前皮質に損傷や異常
が見られないケースがあることも明らかになっています。

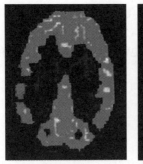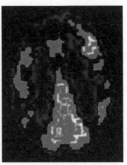

正常対照群　　　　　　　　殺人犯

図 1.6　正常群と殺人犯群における PET 画像の比較（Raine, 1993）
前方が前頭葉で明るくなっているところが活動している部位。殺人犯群で前頭前野の
働きが弱いことがわかります。

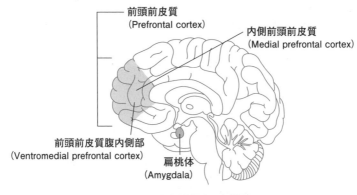

図 1.7　右大脳半球の内側面
前頭前皮質は，事前に計画を立て，行動を調整し，衝動を抑え，集中力を維持する働
きをします。

参 考 図 書

レイン, A.　高橋 洋（訳）（2015）. 暴力の解剖学——神経犯罪学への招待——
　　紀伊國屋書店

　脳やさまざまな生物学的要因と犯罪・暴力の関連について，わかりやすくまとめられています。

ロウ, D. C.　津富 宏（訳）（2009）. 犯罪の生物学——遺伝，進化，環境，倫理
　　——　北大路書房

　犯罪の生物学的原因論に焦点を絞った入門書。新しいアプローチである進化心理学的な観点から詳しく説明されています。

キーワード

ロンブローゾ，犯罪，犯罪者，遺伝，家系研究，犯罪人類学，養子研究，双生児研究，非行，犯罪遺伝子，戦士の遺伝子仮説，ホルモン，テストステロン，攻撃性，神経伝達物質，セロトニン，条件づけ，皮膚電気反射，前頭前皮質

予 習 問 題

　「犯罪や非行の原因」という場合，どのようなアプローチから説明することができるでしょうか。1つの事件を取り上げて，できるだけ多くのアプローチによってその事件の「原因」について考察して下さい。

第2章

犯罪の
心理学的原因論

　犯罪の心理学的原因論とは，われわれの性格や，われわれが生まれ育ってくる過程で遭遇するさまざまな環境要因が犯罪とどのように関連しているのかを検討するアプローチです。本章ではとくに，犯罪と性格の関連，犯罪者に特有の性格はあるのか，家族関係や生育環境は犯罪とどのように関係しているのか，テレビやゲームなどのメディアは犯罪行動にどのように影響しているのかという問題について見てみましょう。

2.1 犯罪の心理学的アプローチ

2.1.1 精神疾患や知的障害は犯罪の原因になるか

　生物学者や医学者たちが，犯罪の原因を脳や遺伝子などのハードウェアに求めたのに対し，心理学者や精神医学者たちは，「心」というソフトウェアに求め，研究を行いました。

　最初に取り上げられたのは，**精神疾患**（mental deficit）や知的機能の未熟さに犯罪の原因を求める考えです。ゴダードやダグデイルといった研究者は，前章で述べたように，家系研究によって，犯罪者を輩出する家系を発見しました。彼らは，犯罪者血統は低い知能の血統でもあると考えており，**知的障害**（intellectual deficit）と犯罪を同列に扱っていました。これらの考えは，犯罪を犯す人間は普通の人間が持っている徳性のようなものが何らかの原因で失われてしまったり，身についていない「異常者」であるという考えを基礎に持っています。しかし，このような考えは単に犯罪者に「精神疾患」とか「知的障害」のレッテルを貼るだけのものであり，そのメカニズムを明らかにすることはできないと現在では批判されています。

2.1.2 犯罪の原因についての精神力動的アプローチ

　精神分析学の創始者であるフロイト（Freud, S.）や，その流れを受け継ぐフロイト派の研究者は，精神疾患や神経症の**精神分析理論**（psycho-analysis）を作り出す中でしばしば犯罪者について触れています。たとえば，フロイトは，肥大化した**超自我**（super ego）のために自ら罰を受ける必要を感じ，無意識的に犯罪に動機づけられてしまうメカニズムがあると述べています。また，アイヒホルン（Aichhorn, A.）は，逆に超自我が適切に育ってこないためにイド（id）を統制することができず，犯罪や非行が行われることがあるのではないかと述べています。これらを犯罪に対する**精神力動的アプローチ**といいます。現代でも精神力動的アプローチで犯罪を解釈した著作はあります。このような研究は，事後的な犯罪現象の説明や，批評として

コラム 2.1　犯罪者人格の探求

　犯罪者と一般人，非行少年と一般少年にはどのような性格上の違いがあるのでしょうか。今まで心理学はこの問題について，莫大な数の研究を行ってきました。具体的には，一般人・一般少年のグループと犯罪者・非行少年のグループにさまざまな心理テストを行って，そこに違いがあるかどうかを調べるというものです。このような研究を全部調べていくのはとても大変なのですが，それらを整理した論文が時代ごとに出ています。1950年までに行われた研究は，シューセイラーとクレッシー（Schuessler & Cressey, 1950）の論文に，1950〜1965年の研究はワルドとディニッツ（Waldo & Dinitz, 1967）の論文に，その後，1977年までの研究は，タネンバウム（Tennenbaum, 1977）の研究にまとめられています。最初の論文では，113個の研究が取り上げられていますが，そのうち，42％で2つのグループに違いが見出されています。2つめの論文では，94個の研究のうち，81％で，最後の研究では72個の研究のうち，63％で違いが見出されています。確かに，多くの研究で違いは見出されているのですが，結果が一貫しているかというとじつはあまり一貫していません。たとえば，ロールシャッハテストを使用した研究で一般人と犯罪者の間に違いを見出したものは，最初の論文では3個のうち0個，2つめの論文では5個のうち2個，最後の論文では1個のうち1個となっています。つまり，これだけたくさんの研究が行われたのですが，**犯罪者人格**は浮かび上がってこなかったのです。

　ところが比較的最近になって，犯罪者群と統制群の間にコンスタントに差が見られるいくつかの特性が明らかになってきました。性格テスト自体がより洗練されてきたことや性格全体をとらえるのでなく，敵意帰属バイアスやサイコパス傾向など，より限定された性格特性をくわしく調べていくという方向に研究が変わってきたためです。

はおもしろいのですが，反証可能性が少ないので，科学的な研究とはいえません。

2.2 犯罪と関係する性格特性

2.2.1 グリュック夫妻の先駆的研究

　さまざまな性格テストや投影法の発達とともに，非行や犯罪の原因を彼らの**性格**（パーソナリティ）に求める研究も現れてきました。この種の実証研究をはじめに行ったのは，グリュック夫妻（Glueck & Glueck, 1950）です。夫妻は 500 人の非行少年と 500 人の一般少年をその性格的な側面から比較した『非行少年の解明（*Unraveling juvenile delinquency*)』という本を著しました。彼らは，非行少年は，一般少年に比べ，「外向的で，活発で，衝動的で，自己統制がとれず，敵対的で，怒りっぽく，疑り深く，破壊的，非伝統的で，権威に対して反抗的，社会から認められていないと強く思っている」としています。

　しかしながら，グリュック夫妻のあげた特性の多くは，単に社会的に望ましくない性格特性を列挙しただけのものであり，非行少年がこのような特性を持っていたために非行に走ったというよりは，今，非行少年である彼らの状態を記述しているに過ぎない可能性があります。

　実際，この種の研究をすると，確かに非行少年群や犯罪者群と統制群の間に差が見られることはあるのですが，その傾向は必ずしも一貫したものであるとはいえません。というのも犯罪にもさまざまな種類があり，かつ，人が犯罪に至る経路にもさまざまなものがあるためです。

　そこで，最近では，性格全般を測定しようとする包括的なパーソナリティテストと犯罪の関係を研究していくのではなく，より限定された個人差特性と犯罪，攻撃性，暴力傾向の関連についての研究が行われてきています。その中のいくつかについて見ていきましょう。

コラム 2.2　社会的排斥と攻撃行動

　近年，いじめといえば，身体的な攻撃を伴ったものよりもむしろ，無視や仲間はずれなどの心理的なものが増加しています。では，このような心理的ないじめは被害者にどのような影響を及ぼすのでしょうか。アイゼンバーガーら（Eisenberger et al., 2003）のグループはサイバーボール（cyber ball）課題という方法を用いて実験室的に**社会的排斥**場面を作り出しました。これは 3 人の実験参加者がコンピュータネットワーク上でキャッチボールをするという単純な課題（図 2.1）なのですが，途中から，実験参加者は他の 2 人から無視されてボールが回ってこなくなってしまいます。実際にはこの「他の 2 人」はコンピュータプログラムで実際の人ではないのですが，実験参加者には実際に人がやっていると思わせています。

　このような状況で実験参加者の脳を調べてみると，「痛み」を感じる部位が活動していることがわかりました。無視されることによって，われわれの脳は実際にある種の「痛み」を感じているのです。また，このような状況に置かれると怒りや攻撃性が増加するということも知られています。

　レアリーら（Leary et al., 2003）は，学校での銃乱射事件のケースを調べ，加害者の多くが事件前にクラスメートからいじめられ，無視や差別などの被害に遭っていたことを明らかにしました。日本の大量殺人事件においても，その背景に社会からの無視と孤立があることは少なくありません。社会的排斥や孤立それ自体が犯罪の発生に影響する可能性があるのです。

Player 1

Player 3

Player 2

図 2.1　**サイバーボール課題で用いられる画面**
実験参加者は Player 2 となり 3 人でキャッチボールをしますが，途中からボールが回ってこなくなります。

2.2.2　敵意帰属バイアス

　敵意帰属バイアス（hostile attribution bias）とは，外的な刺激を自分に対する挑発や攻撃ととらえやすい認知的傾向のことをさします。たとえば，電車の中で足を踏まれた場合，「この野郎，わざと踏んだな」などと考えやすいタイプのことです。このような敵意帰属バイアスは，刺激が曖昧な場合にとくに生じやすいことが知られています（コラム2.3）。敵意帰属バイアスを持つ人は，他者を攻撃的と認知するためにそれらの他者に対して反抗的，挑発的に振る舞うことが多く，結果として，他者から本当に敵意を持たれてしまうことが知られています。つまり，はじめは単なるバイアスだったのにそれが現実になってしまうのです。

2.2.3　敵意的反芻傾向

　一般に，喚起された怒りは時間とともに治まっていくのが普通です。これは引き起こされた自律神経系の興奮が次第に落ち着いてくることとも関連しています。ところが，怒りのきっかけとなった体験を頭の中で何回も繰り返して考えることによって怒りを長期間にわたって保持してしまうタイプの人がいることがわかっています。このような傾向を**敵意的反芻傾向**（hostile rumination）といいます。敵意的反芻傾向によって怒りが保持される場合，その怒りが攻撃行動をひき起こすと攻撃対象が代償的な人物になったり，攻撃対象の属していたカテゴリー，たとえば，「最近の若者」とか「黒人」などになることがあります。

2.2.4　セルフコントロール

　ゴットフレッドソンとハーシは，犯罪の原因として，**セルフコントロール**（self control）の欠如という特性をあげています（Gottfredson & Hirschi, 1990）。彼ら自身は，この特性はパーソナリティとは異なると考えているようですが，実質的にはパーソナリティ特性といえるでしょう。これは次のような特徴を持っています。①欲望や感情を抑えることができない，②計画的

| コラム2.3 | 攻撃的な子どもは曖昧な状況で相手に敵意を帰属する |

　ドッジは，子どもにジグソーパズルを作る課題を行わせました（Dodge, 1980）。途中まで作ったところで，別の子どもがそのジグソーパズルを壊してしまいます。第1の条件では，別の子どもが悪意を持って壊します（悪意条件）。第2の条件では，どのようなつもりで壊したのかわかりません（曖昧条件）。第3の条件では，手伝ってあげようとして誤って壊してしまいます（親切条件）。これらの状況に対して，パズルを壊された子どもがどのくらい，怒りや攻撃反応を示すかが測定されました。指標となったのは，壁を叩くとか，机をひっくり返すとか，拳を作るなどの間接的な攻撃行動を得点化したものです。実験の結果，悪意条件や親切条件よりも曖昧条件で，ふだんから攻撃的な子どもとそうでない子どもの間に大きな差が生じることがわかりました（図2.2）。これより，普段から攻撃的な子どもは曖昧な状況において，相手に悪意があったものだと「敵意を帰属」し，怒りやすくなるのではないかと考えられました。

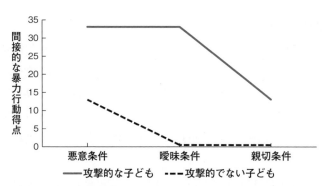

図2.2　ドッジの実験における条件ごとの子どもの間接攻撃得点
(Dodge, 1980)

な行動や生活ができず，刺激やスリルを求める，③自分本位で他人のことを思いやったり共感することができない，④欲求不満耐性が低い，などです（表 2.1 参照）。簡単にいえば，統制のとれた計画性のある人生が送れないので，その場限りの場当たり的な満足を求めてしまうということです。これは，「お金を貯めてものを買う」よりは「欲しいからとってしまえ」という行動に親和的な性格ですので，犯罪と結びつきやすいのは理解できます。一方で，セルフコントロール能力が高い場合，非行や犯罪を防ぐ保護要因となることも指摘されています。周囲に非行少年の友人が多い場合，セルフコントロールが低い場合には非行率は大きく上昇しますが，高い場合にはあまり上昇しません（Wright et al., 2001）。

　ヴァズソニーらは，オランダ，スイス，アメリカ，ハンガリーで 8,000 人以上の青少年を対象にして，セルフコントロールと犯罪の関係について研究し，いずれも有意な関連があることを示しています。また，さまざまな性格特性の中でもこのセルフコントロールが犯罪と最も大きく関連していることも示しています（Vazsonyi et al., 2001）。

2.2.5 **サイコパス傾向**

　サイコパス傾向（psychopathy）は，極度の自己中心性と衝動性を持つ一種の人格障害です。その他にも，無責任，浅はかな感情，共感性の欠如，罪悪感の欠如，不正直で不誠実などの特徴を持ちます（表 2.2）。精神病的な症状は見られず，神経質でもありません。高い知能を持ったサイコパス人格者は，自信を持った行動や饒舌な態度から表面的にはとても魅力的に見えることがあります。

　彼らは，基本的には自分の欲求を実現するために他人のことを顧みることはせず，他人を自分の道具のように扱い，非情であるため，重大な犯罪を引き起こすことがしばしばあります。ウッドワースとポーターはサイコパスの殺人犯は，自らの情動の表出（怒りなどによる衝動的犯罪）が少なく，殺人を手段として用いて何かを行う道具的な犯罪を犯すことがほとんどであると

表 2.1 セルフコントロール尺度の項目（Grasmick et al., 1993）

【刹 那 主 義】
- あまり将来に備えて考えたり努力したりしない（衝動性）。
- 時々は少し危険なことをして自分を試したい（リスクシーキング）。
- どちらかといえば頭を使うよりも体を使うほうが好きだ（身体活動性）。
- 私は物事がややこしくなってくると投げ出す傾向がある（単純課題志向）。

【利 己 主 義】
- 他人が困るとわかっていても，私は自分のしたいことをした（自己中心性）。
- 本当に怒っているときはだれも私に近づかないほうが良い（怒りやすさ・かんしゃく）。

表 2.2 サイコパス傾向チェックリストの項目例（Hare, 1991）

【尊大で虚偽的な対人関係】	【衝動性・無責任性】
• 口達者で表面的な魅力	• 衝動的
• 誇大な自己価値観	• 刺激を求め興奮がないとやっていけない
• 病的な虚言	
• 人を偽り騙して操作する	• 責任感の欠如

【感情の欠如】
- 良心の呵責や罪悪感の欠如
- 冷淡で共感能力の欠如

サイコパス傾向は，ヘアの作成した PCL-R（the Psychopathy CheckList-Revised）によって測定されます。これは質問紙形式のテストではなく，特別な訓練を受けた専門家が 2 時間以上の半構造化面接と分析を経て診断していくときに使用するツールです。このツールでは，たとえば，以上のような特徴について評価が行われます。ある人物がどの程度サイコパス傾向を持っているかについての判断は，訓練を受けた専門家が慎重に行わなければなりません。

指摘しています（Woodworth & Porter, 2002）。また，サイコパス傾向は，暴力犯罪，暴力犯罪の再犯，刑務所などにおける規律違反などの重要な予測因子となることがわかっています。

　サイコパス傾向は，生得的な性格特性だと考えられており，それは生涯持続します。この原因としては，神経系の問題が指摘されています。彼らの多くは，覚醒度が全般に低く，不快環境を回避する学習に困難があります。

　サイコパス傾向にマキャベリアニズム，自己愛傾向，（サディズム）を加えたものをダークトライアド（ダークテトラッド）とよび，いずれも犯罪と関連しているといわれています（図 2.3）。

2.2.6　生涯持続型反社会性

　青年期には多くの人々が非行に手を染めますが，彼らのほとんどは，ほんの一時期，非行を行うだけで，とくに何もしなくても，次第に非行から離れていくのが普通です。このように一時的に社会に対して反抗することは，むしろ，正常な発達過程かもしれません。このよう非行のことを青年期限定型反社会性行動（adolescent-limited antisocial behavior）といいます。

　ところが，一部の非行少年や犯罪者の中には青年期の一時的な行為にとどまらずに，生涯にわたって持続的にこのような反社会的行為を繰り返す人々がいます。このような人々は青年期に至る前，児童期からさまざまな問題を引き起こしていることが多いこともわかっています。モフィットはこのようなタイプの非行，犯罪を生涯持続型反社会性行動（life-course persistent antisocial behavior）とよびました。このタイプの反社会性の基礎には，原因となる遺伝子と，その影響によって生じた何らかの神経学的な異常があるのではないかと考えられています（Moffitt, 1993）。

　モフィットによれば，生涯持続型反社会性の犯罪者は，一生涯にわたって犯罪を繰り返すといいます。しかし，近年，このような累犯者の一部に，成人期に何らかのきっかけによって，自分の人生を振り返ってそれを再構成し，新たな人生をやり直そうと決心することによって，累犯を行わなくなるもの

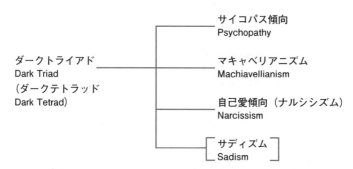

図2.3 ダークトライアドとダークテトラッド

サイコパス傾向，自己愛傾向に加えてマキャベリアニズム（人を操作して自分に奉仕させようとする傾向）やサディズム（人に苦痛を与えることで性的快感を味わう傾向）が犯罪と関連しているといわれています。

コラム 2.4　犯罪リスク要因としてのセントラルエイト

　カナダの犯罪心理学者，アンドリュースら（Andrews et al., 1990）は，多くの実証的なデータに基づいて犯罪や反社会的行為のリスクを高める 8 つの要因を明らかにしています。これをセントラルエイトといいます。このうち，とくに重要な最初の 4 つをビッグ 4 といいます。

1. **犯罪歴**：人生の早い段階から継続的に多種の犯罪行為に関与している。
2. **反社会的パーソナリティ**：快楽希求性，弱い自己統制，攻撃的で多動。
3. **犯罪指向的態度**：反社会的行為に好意的な態度，価値観，持続的な怒り。
4. **犯罪指向的交友**：犯罪親和的な交友関係，犯罪についての周囲の支持。
5. **家族・夫婦**：養育・ケア，監督・指導の不在。
6. **学校・仕事**：学校，仕事での成績や満足感が低い。
7. **レクリエーション**：余暇活動の実行が不十分で満足度が低い。
8. **薬物・物質乱用**：アルコールやドラッグの乱用，薬物中心の生活習慣。

がいることが明らかになってきています。そういった知見からこのような犯罪者の更生の可能性について検討が進められています（Maruna, 2001）。

2.3 犯罪と家族関係

2.3.1 家庭の問題は非行の原因か

　家庭の問題は，非行の原因として第一に考えられることの多い要因です。ニュースやドラマなどでは，家庭内の人間関係が子どもの心を荒れさせてしまい，子どもが非行に走るといったモデルがよく取り上げられます。少年鑑別所などに収容されている非行少年の多くが何らかの形で家庭内に問題を抱えていること，家庭はすべての人間関係の基礎であるという考えが広く行きわたっていることから，家庭の問題を重視する研究者は少なくありません。しかし，興味深いことに劣悪な家庭環境で育っても非行に走らない少年が多いのも事実であり，実証的な研究からも非行の原因としての家庭の要因は社会一般で思われているほどは大きくないと考えられています。

　むしろ，非行に直接的に影響を及ぼすことが多いのは**友人関係**です。実際，非行少年に聞いてみても非行の原因として「家庭問題」をあげるものよりも「友人関係」をあげるもののほうが多いのが現実です。家庭の問題はむしろ，うつや不安などの精神病理的な問題を引き起こすことが多いと考えられています。

　ただ，家庭の問題は子どもが家庭に居着かないといった行動を引き起こし，それが不良交友関係を形成するための重要な原因となること，親との人間関係の「絆」が育っていない場合には，いざ非行を行う意思決定をする場合に抑制が利かなくなること（**社会的絆理論**；social bond theory）などを通して，非行に結びついていると考えられます。

2.3.2 家庭の問題の類型

　家庭の問題は非行を語るときには避けては通れない問題です。また，矯正

コラム 2.5　　自己愛傾向（ナルシシズム傾向）と攻撃性

　自己愛傾向は自分のことを愛し，価値のある人間だと思う傾向のことです（表2.3）。従来，このような傾向はむしろ，攻撃性や暴力，非行，犯罪を抑制するものだと考えられていました。非行防止のために「自分を愛そう」とか「自尊心を高めよう」といった目標が立てられることは今でも少なくありません。しかし，最近の研究ではむしろ，攻撃性を促進させる可能性があるのではないかと考えられています（Baumeister, 2001）。では，なぜ，自己愛が攻撃性と結びつくのでしょうか。これについては次のように考えられています。自己愛傾向の強い人物は，自分のことを「特別な人間であり，特別な存在として扱われるべきだ」と思ったり，「他人は無能である」と思っています。しかしながら，このような考え自体が多くの場合誇大的で不正確なものであるため，彼らが他人から特別扱いされることはありません。むしろ，このような人物は自分勝手で嫌なやつと見られやすいでしょう。このような他人からの扱いが彼らを「周りの人物は自分を不当に評価している」としてさらに怒らせ，それが結果的に攻撃性に結びつくというのです。

　最近の若者の中に，自己愛傾向が非常に高いものが多くなっているとしばしば指摘されています。また，最近の若者の攻撃性の特徴としてこの自己愛型攻撃性があると考える専門家は，少なくありません。

表2.3　自己愛尺度の項目（小塩，2004）

- 私は周りの人より，ずば抜けたものを持っていると思う（優越感・有能感）。
- 私は周りの人が学ぶだけの値打ちのある長所をいくつか持っている（優越感・有能感）。
- 人は誰でも喜んで私の話を聞きたがる（優越感・有能感）。
- 周りの人が私の期待しているだけの敬意を払ってくれないと落ち着かない（注目・賞賛）。
- 私は人からほめられることを望んでいる（注目・賞賛）。
- いつも私は話しているうちに話の中心になってしまう（自己主張）。

や更生保護，つまり一度犯罪を犯した少年を更生させるプロセスにおいては，家庭が十分な力を持っているかどうかが成否の鍵を握る重要な要因となってきます。

　では，そもそも非行や犯罪に関係する「家庭の問題」にはどのようなものがあるのでしょうか。この点に関して，日本の家庭裁判所調査官研修所が「重大少年事件の実証的研究」（2002）の中で次の 2 つの分類を提案しています。

　一つは①統制機能の不全といわれるものです。これは子どもを適切にコントロールし，導くための両親のスキルが不足していたり，家族の置かれた環境に問題があるケースのことです。たとえば，しつけの名目で体罰を与える親，子どもを暴力で支配しようとする親，少年を過大評価したり，過小評価して適切な養育や発達段階に応じたサポートができない親などがこれにあてはまります。もう一つは，②保護機能の不全です。これは子どもの心を受け止めたり共感するなどの機能に問題があり，子どもとの間に基本的な信頼感が築けていない場合のことです。たとえば，子どもと両親の間のコミュニケーションが乏しい，夫婦や家族関係の絆が弱く，互いを信頼していない，子どもへの期待が強く都合の悪い話は聞かない親などのケースがこれにあてはまります。

　このような家庭機能の問題がある場合，子どもたちは家庭との間の絆や両親との信頼関係構築に問題が生じ，不良交友関係の中に容易に入っていってしまいます。

2.4　犯罪とメディアの影響力

2.4.1　メディアと犯罪との関係

　犯罪の原因に関する心理学的研究の中で犯罪者の性格の問題と並んで論じられることの多い問題として，メディアが犯罪に及ぼす効果の問題があります。たとえば，暴力的な映画が暴力犯罪を増加させるかどうか，あるいはポ

コラム 2.6　暴力を見た子どもは攻撃的になるか？

　バンデューラは子どもの実験参加者に対して，ビニール製の人形を示し，目の前でその人形を大人が攻撃するところを見せる（実際の行動条件），大人がその人形を攻撃しているところを写したフィルムを見せる（フィルム条件），攻撃的アニメを見せる（アニメ条件）のそれぞれの操作を行いました（Bandura et al., 1963：図2.4）。その後，ビニール製の人形のあるプレイルームに子どもを入れ，これらの操作を行っていない子ども（統制群）に対して，攻撃行動を観察した子どもたちが人形に対して暴力をふるうか（模倣攻撃得点），一般的に乱暴になるか（攻撃性得点）を調査しました。表2.4 の数値は攻撃性得点，模倣攻撃得点で数字が大きいほどその傾向が大きいことを意味しています。

　これを見ると明らかなように，統制群に比べて，攻撃行動を観察した群は攻撃性が高まるということが示されました。

図2.4　**攻撃行動（乱暴行動）の観察学習の例**（Bandura et al., 1963）
（1）が大人が攻撃行動をしているモデル，（2）がそれを観察して行動している男の子の例です。

表2.4　**バンデューラの実験の結果**（Bandura et al., 1963 を基に作成）

	実験群			統制群
	実際の行動	フィルム	アニメ	
攻撃性得点	82.92 *	91.5 *	99.05 **	54.3
模倣攻撃得点	21.3 ***	16.4 ***	12.0 **	2.85

（* p<.05；** p<.01；*** p<.001；統制群との比較）

ルノメディアが性犯罪を増加させるかどうかといった問題です。

　さて，メディアの影響を考える場合には短期的な影響と長期的な影響とを分けて論じることが必要です。短期的な影響とは，メディアの影響にさらされた直後にそれに関連する行動が影響を受けるのかどうかといった問題です。長期的な影響とは，子どものころに見た暴力映像の影響が成人になってからの暴力行動に影響するかどうかなど，より長期にわたって持続する効果の問題です。

2.4.2　暴力メディアの短期的効果

　暴力メディアの短期的影響を検討したものとして最も有名な研究は，バンデューラら（Bandura et al., 1965）の実験です（**コラム 2.6 参照**）。この実験では，子どもに暴力的なテレビ番組や暴力的な行動を直接見せた場合，子どもがそれを模倣して攻撃行動を行うということが示されました。

　その後，成人を使って同様の研究が行われました。実際に実験参加者が暴力行動を行うようになるかどうかを検討することは倫理的にも難しいので，たとえば，暴力映像を見た後で，他人に対して電気ショックを与えやすくなるかどうかとか，他人に対して故意に低い評価を与えるようになるかどうかなどの指標を用いて実験が行われました。その結果，多くの場合，暴力映像は攻撃行動に対して促進効果があることがわかりました。また，実験に先立って怒っている場合には，この効果がより顕著になることがわかりました（図 2.5）。

2.4.3　暴力メディアの長期的効果

　イーロンら（Eron et al., 1971）は，1960 年代にニューヨーク州の田園地帯の小学 3 年生を対象に研究を行いました。それぞれの子どもたちの攻撃性は，子どもたちの仲間，両親，そしてその子どもたち自身によって評定され，また，暴力的なテレビ番組に対する子どもたちの好みも測定されました。

　その 10 年後，同じ変数での測定が，最初の調査の大部分の子どもたちを

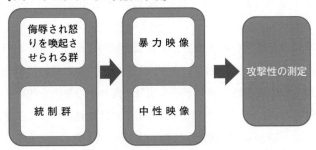

【ドナーシュタインらの実験の手順】

半数の実験参加者は，映像を見る前に侮辱され怒りを喚起させられています。また半数の参加者は中性映像を，残りは暴力映像を視聴しました。

【実験の結果】

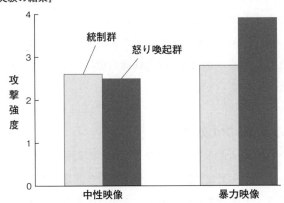

図2.5　ドナーシュタインらの暴力映像と攻撃性に関する研究
(Donnerstein et al., 1976)

ドナーシュタインらは，実験参加者に暴力映像か中性映像を見せた後で，攻撃性が増加するかについて実験を行いました。その結果，暴力映像を見る前に侮辱され怒りを喚起された条件で攻撃性の増加が見られました。

対象に行われました。2 つの時点でのデータをクロスラグ分析（cross-lagged panel correlations）を用いて分析したところ，小学 3 年生のときの暴力テレビ番組の視聴は，10 年後の攻撃行動と 0.31 の相関がありましたが，小学 3 年生のときの攻撃行動は，10 年後の暴力テレビ番組視聴との間に 0.01 の相関しかありませんでした。

　この結果は，子どものときの暴力テレビ番組の視聴は，青年期の攻撃性を促進するということを意味しています。これは，少年の親の経済的地位や子どもの知能，親の攻撃性，テレビの全視聴時間などの要因を統制しても変わりませんでした。ただし，この結果は，男子だけに見られ，女子では見られませんでした（Eron et al., 1971；Lefkowitz et al., 1977）。

　また，フスマンは，最初の研究の 22 年後に最初の調査の参加者のうち，295 人を対象としてもう一度研究を行いました（Husemann et al., 1984）。この研究では，郵送調査と面接調査，参加者の友人や家族からの証言，犯罪歴などが調査されました。その結果，男子においては，8 歳のときのテレビ視聴の総量と 30 歳までに受けた有罪判決の重大性との間に正の相関があることがわかりました。彼の研究は，暴力映像の影響はかなり長期間にわたって持続することを示しています。

2.4.4　ポルノメディアの効果

　最近，国や自治体によるアニメポルノ規制との関係で話題になることが多いのが，**ポルノメディアが性犯罪に及ぼす効果**の問題です。この問題に関してはテレビのコメンテーターや一般の人々が次のような主張をしていることがあります。つまり，ポルノメディアはそれを用いてマスターベーションなどの形で自己の性欲をコントロールする素材として有効であり（**カタルシス効果**；catharsis），その存在は性犯罪を抑制しているため，これを規制してしまえば性犯罪は増加する，と。

　では，ポルノ映像にはこのような**性犯罪抑制効果**があるのでしょうか。現在のところ，ポルノメディアによるカタルシス効果を実証的に示した研究は

コラム 2.7　　**暴力ゲームは犯罪を増加させるのか？**

　ゾンビをどんどん殺していく「バイオハザード」や街で犯罪をシミュレートする「グランドセフトオート」，それに各種の戦闘シミュレーションゲームなどの**暴力ゲーム**は攻撃行動や暴力を促進するのでしょうか。アンダーソンとマーフィー（Anderson & Murphy, 2003）は，暴力映像におけるドナーシュタインの実験（図 2.5）と同様の方法で，暴力ゲームの効果を調べる実験を行いました。その結果，格闘ゲームである「ストリートファイター」をプレイすることはとくに女性の攻撃性を増加させることが示されました。実験的な多くの研究で，このような暴力ゲームの攻撃促進効果が検出されています。しかし，一方で，これが長期的に影響を及ぼすのか，あるいは実際の犯罪に影響を及ぼすのかについては否定的な研究者も少なくありません。たとえば，マーキーら（Markey et al., 2015）は，もし暴力ゲームの影響があるなら，それが売れた直後には暴力犯罪が増えるはずだと考えて調査を行いました。ゲームはクリスマスシーズンに最も売れますが，じつはその直後は犯罪は最も減少することがわかりました（図 2.6）。

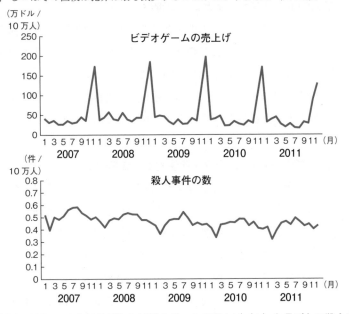

図 2.6　2007〜11 年の月ごとのビデオゲームの売上げ（上）と月ごとの殺人事件の数（下）（Markey et al., 2015）
ゲームの売上げが多い直後は事件数が減っています。

暴力メディアと同様に，ほとんどありません。一方で，ポルノメディアによる**性犯罪促進効果**を報告した研究はいくつも存在します。たとえば，バロンとストラウスは，ポルノの流通がレイプを増加させる可能性があることをパス解析によって明らかにしています（Baron & Straus, 1989；コラム 2.8）。

　また，マスターベーションによる自己の性欲コントロール説に関しても実証的な根拠はありません。実際，このようなコントロールが可能な人はもともと性犯罪者になることはないと思われます。実際の性犯罪者はむしろ，ポルノメディアを使用した自己の性欲のコントロールに失敗して，性的なイマジネーションが肥大化し，行動を起こしてしまったケースが多いと考えられます。

2.4.5　暴力的ポルノグラフィとレイプ神話

　暴力的ポルノグラフィとは，男性が女性をレイプ（不同意性交）するタイプのポルノです。しかも，被害者の女性がレイプによる性的な快感を示すという実際にはありえない現象を示していることが多いのが特徴です。このようなタイプのポルノグラフィは，いわゆる**レイプ神話**を増強し，性犯罪を促進する可能性があると指摘されています（詳しくは第 5 章参照）。

2.4.6　暴力番組やポルノグラフィを規制すべきなのか

　今までの実証研究は，暴力番組の攻撃促進効果，ポルノグラフィの性犯罪促進効果を示してきています（コラム 2.8）。ただし，いずれの研究においても効果量（実際にどのくらいの影響力があるのか）については，それほど大きくないのも事実です。そのため，暴力メディアやポルノメディアを規制したとしても犯罪数はほとんど変化しない可能性があります。また，暴力やポルノが規制され，そのような表現ができないようでは，やはり，生きにくい社会であるように思われます。規制の問題は心理学的な問題よりもむしろ倫理的な問題，社会政策的な問題といえるでしょう。

コラム2.8　ポルノの流通とレイプ率の関係

　ポルノは性犯罪を促進するのでしょうか，それとも抑制するのでしょうか。この問題を検討する方法の一つは，ポルノの流通と性犯罪の関係を調べるというものです。もし，促進効果を持つならば，ポルノが流通している場所ほど性犯罪が多く，抑制効果を持つならば，ポルノが流通している場所ほど性犯罪が少なくなることが予測されます。この方法を最初に使って研究したのはスコットとシュワルム（Scott & Schwalm, 1988）です。彼らは，アメリカの州ごとのレイプ率とポルノの流通量の間の相関をとりました。その結果，$Rho = 0.358$（$p < .05$）で有意な正の順序相関が見られました。これは促進説に沿った結果です。ただし，この結果からでは，因果関係はわかりません。そこで，バロンとストラウス（Baron & Straus, 1989）は，アメリカの州ごとのレイプ犯罪の発生率と，失業率，若者の割合，ポルノの流通量などの関係についてパス解析を使って分析しました。その結果，レイプ率は，ポルノ雑誌の流通量と最も関連しており，やはり，促進説に沿った結論が得られました（図2.7）。

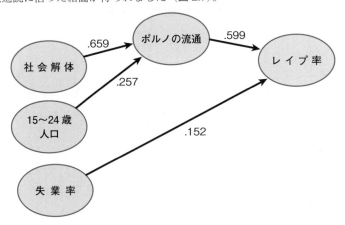

図2.7　**失業率，ポルノの流通などとレイプ率の関係**
(Baron & Straus, 1989)
主要な結果のみを示しています。数値はパス係数で，1に近づくほど密接な関係があることを示します。社会解体や若年人口はポルノの流通を促進し，ポルノの流通はレイプを促進します。

参 考 図 書

大渕 憲一（2006）．犯罪心理学──犯罪の原因をどこに求めるか──　培風館

　犯罪の原因論に焦点をあてた，現段階で最高の犯罪心理学のテキストです．是非，手にとってみてください．

大渕 憲一（2011）．新版　人を傷つける心──攻撃性の社会心理学──　サイエンス社

　人間の攻撃性に関する社会心理学的な研究をわかりやすくまとめてあります．最先端の研究まで紹介されています．

キーワード

精神疾患，知的障害，精神分析理論，超自我，イド，精神力動的アプローチ，犯罪者人格，性格，社会的排斥，敵意帰属バイアス，敵意反芻傾向，セルフコントロールの欠如，サイコパス傾向，マキャベリアニズム，自己愛傾向，サディズム，ダークトライアド，ダークテトラッド，青年期限定型反社会性行動，生涯持続型反社会性行動，セントラルエイト，ビッグ4，家庭，友人関係，社会的絆理論，統制機能の不全，保護機能の不全，メディア，暴力メディア，ポルノメディア，暴力ゲーム，カタルシス効果，性犯罪抑制効果，性犯罪促進効果，暴力的ポルノグラフィ，レイプ神話

予 習 問 題

　次の要因が犯罪や非行の発生について与える影響について調べ，まとめて下さい．
①家族関係，②性格，③マスメディア・ゲーム，④インターネット

第 **3** 章

犯罪の
社会学的原因論

　犯罪の社会学的原因論とは，人間関係や社会の
仕組みなどと犯罪との関係を検討していくアプロ
ーチです。犯罪者の中には，根は善良でも，知ら
ず知らずのうちに社会の複雑な人間関係の中に巻
き込まれて犯罪に手を染めてしまうものが少なく
ありません。とくに非行ではこのような傾向が顕
著です。本章では，このアプローチの主要な理論
について紹介してみたいと思います。

3.1　犯罪の原因としての社会

　犯罪への生物学的アプローチ，心理学的アプローチは犯罪を引き起こす人間に何か原因があるという考え方でした。これに対して社会的要因を重視したのがフランスのリヨン環境学派というグループです。

　代表的な研究者として，ラッカサーニュ（Lacassagne, A.）がいます。彼は，とくに経済状況と犯罪との関係を重視し，犯罪は**貧困**によって作られると考えました。彼は，ロンブローゾのいう犯罪者の身体的な問題も，もともとは貧困から作られるのだと考えました。またタルド（Tarde, J.）は，犯罪が**模倣**を通じて社会に広まっていくと論じました。

　フランスでは，犯罪人類学的な立場よりもこのような**環境要因説**の立場が盛んに研究されていきました。たとえば，デュルケーム（Durkheim, E.）は犯罪を社会との関係で論じ，社会構造が犯罪を引き起こしていくというアノミー理論や，どのような社会でも一定の数の行動が犯罪として定義され，それは社会にとって有用な機能を持っているという**犯罪常態説**などを生み出しました。

3.2　アノミー理論

3.2.1　文化的目標と制度化された手段

　アノミー理論（anomie theory）はデュルケームやマートン（Merton, R. K.）によって形作られた社会学説の一つです（図 3.1）。

　社会の中には，その社会の成員が共通して持っている目標が存在します。たとえば，アメリカ社会では，富，社会的地位や名声の獲得がそれにあたります。このような目標のことを**文化的目標**（cultural goals）といいます。アメリカ人はこの目標を追求することを奨励されており，追求をあきらめると「野心のないやつ」として否定的な評価を与えられてしまいます。一方，この目標を達成するために，社会的に認められた合法的な手段も用意されてい

図 3.1　マートンのアノミー理論の枠組み

コラム 3.1　コーヘンの非行サブカルチャー理論

　マートンらのアノミー理論では，文化的目標の達成を求めているが，制度的手段が与えられていない人々が，「革新」によって，文化的目標を達成しようとする行為が犯罪や非行であるととらえています。しかし，実際に非行少年が文化的目標の達成を目指しているようには思われないのも事実です。コーヘン（Cohen, A.）は非行の多くがギャング集団の中で生じるということも考え合わせ，彼らが求めているのは，文化的目標の達成ではなく，非行仲間の間での自分の地位の上昇であると考えました（**非行サブカルチャー理論**）。非行仲間は既成の価値観の中では弱者となるものたちによって作られるので，結果的にその集団内での地位を上昇させるためには，既成の価値観を否定する行動をとることが必要となります。これが犯罪や非行だと考えたのです。

ます。アメリカ社会では，勤勉，正直，教育，および満足の延期などの「プロテスタントの労働倫理」がこれにあたります。この手段のことを**制度化された手段**（institutionalized means）といいます。腕力の行使や詐欺は，富を得るための手っ取り早い手段ではありますが，それをとることは禁じられています。

3.2.2　アメリカン・ドリームは本当に存在するか？

　ところで，アメリカは，しばしばアメリカン・ドリームの国だといわれ，アメリカ人の多くもそれを信じています。これは，アメリカでは，どのような境遇の人でも夢を実現できる可能性を持っているということです。実際，アメリカ人は『ロッキー』や『ワーキング・ガール』のようなアメリカン・ドリームを実現させる映画が大好きです。

　アメリカでは，誰もがドリームを実現させる「可能性」を持っているというのは確かかもしれません。しかし，現実は文化的目標は万人に開かれていても制度化された手段は平等には与えられていません。たとえば，下層階級の人々は，いくらこつこつと勉強しようと思っても，生活に追われて十分に勉強できなかったり，まわりが勉強に対して好意的な態度を持っていないかもしれません。一方で，上流階級の人々は，設備が整い，優秀な教員のいる私立学校で，意欲的な級友に囲まれて，家族や兄弟の生活費のことを考えずに勉強に専念することもできます。この違いが，結果として社会的な成功のチャンスに大きな差を作り出してしまうのは明らかです。つまり，目標は平等に開かれていても，そこに至る手段が平等に分配されていないのです。

3.2.3　緊張と犯罪・非行

　マートンはこのような状態を文化的目標と制度化された手段の**緊張**（strain）状態としてとらえました。このような状況の中で，人々はどのように行動するでしょうか。マートンは，文化的目標が過度に強調された社会で制度的な手段が与えられていない人々は，「制度化された手段」を使わずに

コラム 3.2　アメリカの犯罪減少を説明する「ヤバい」仮説

　アメリカでは，1990 年代から，犯罪が何の前触れもなく突然大幅に減少しました。いったいなぜ，このような現象が起こったのかについて，多くの論者がさまざまな仮説を提案しました。たとえば，警察官の増員，警察の取り締まり方法の革新，高齢者人口の増加，刑務所の収容人員の増加，厳罰化，銃規制などです。これらの中にはある程度，この現象を説明できるものもありましたが，いずれも十分ではありませんでした。

　その中で，驚くべき仮説を提案したのが経済学者のレビットとドブナー（Levitt & Dubner, 2005）です。彼らは，犯罪減少の原因を 1960 年代後半〜1970 年代に行われた妊娠中絶の自由化に求めたのです。それ以前，アメリカでは中絶は事実上禁止されており，その結果として親に望まれない子どもたちが多く生まれていました。彼らの多くは，生活力のないティーンエイジャーの親から生まれ，十分な愛情と養育を受けられず，非行・犯罪予備軍となっていきました。ところが中絶が自由化されると，このような望まれない子どもたちは中絶されるので減り，結果として犯罪が減ったというのです。彼らのこの仮説は，ベストセラーになった一般向け図書 *Freakonomics*（翻訳『ヤバい経済学』東洋経済新報社）で紹介されました。

　この説はもちろん，感情的な反発と大きな反論にさらされました。しかし，彼らの説を支持する証拠も少なくありません。たとえば，中絶が自由化された年が早い州ほど犯罪減少も早く始まっていることや，中絶率と犯罪減少率が高い相関を示していること，高齢者の犯罪には何も変化がなく 1970 年代以降に生まれた層の犯罪率だけが劇的に減少していることなどです。現在でも，彼らのこの説は犯罪減少を説明するための有力な仮説として論争の対象になっています。

文化的目標を実現しようとする**革新**という行動をとる場合があると考えました。これは，非合法な手段を使ってでも，金や名声を得るということですから，そのまま犯罪につながっていきます。また，マートンは，文化的な目標の実現もあきらめ，制度化された手段も使用しなくなる**逃避主義**という行動も現れると考えました。これは，非合法であってもその場の一時的な快楽を追求するという態度であり，アルコール依存や薬物乱用などを引き起こすというのです。

3.2.4　日本における学歴アノミー

このような緊張から起こる犯罪・非行はアメリカだけの問題でしょうか。米川（1995）は，このような問題が日本にも存在するということを示しました。彼は，日本社会における文化的目標として学歴の獲得というものがあり，これが，過度に強調されている結果，そこから落ちこぼれた少年たちが一種のアノミー状態になっていると考えました。そして，進学目標の放棄が少年の休日活動を逸脱親和的にすることや非行を引き起こしやすくすることを実証しました。

3.3　分化的接触理論

3.3.1　学習されるものとしての非行

分化的接触理論（differential association theory）はサザランド（Sutherland, E. H.）によって提案された理論であり，非行行動は周囲の私的で緊密な集団から**学習**によって獲得されるというものです。

実際問題として，友人グループが非行に与える影響はきわめて大きいということがわかっています。たとえば，高校時代にたばこを吸ったことのある人に尋ねてみると，そのきっかけは家族関係の問題というよりも，単に友人が吸っていたからという理由が多いのです。また，非行に走るには非行集団に属することが重要な要因となることがわかっています。これは，非行少年

コラム 3.3　　名誉の文化理論

　アメリカでは，北部に比べて南部で殺人を含めた暴力が多いことが知られています。では一体，なぜ南部に暴力が多いのでしょうか。この問題に対してはいくつかの説が提案されています。気温仮説は，南部の高い気温が人々を不快にさせ，それゆえ暴力が引き起こされやすいという説です。貧困仮説は，南部は相対的に貧困度が高いことが原因だと考えます。貧困と犯罪には密接な相関があるからです。奴隷仮説は，長く続いた奴隷制度が人々に暴力で人を従わせるような文化を生み出し，それが継承されているという理論です。

　ところが，詳細に調査してみるとこれらの理論では十分に説明できないことがわかってきました。まず，南部で殺人が多いのは白人だけの問題であり，黒人ではほとんど差はありませんでした。また，南部で殺人が多いのはより暑い地域よりも比較的涼しい地域でした。これらは，気温仮説に反しています。また，統計的に所得要因を取り除いて分析しても南部の効果は消失しませんでした。これは，貧困仮説が十分でないことを意味しています。さらに，南部で犯罪の最も多い地域は，奴隷制度が発達しなかった地域だということもわかりました。これは奴隷仮説に反しています。

　そこで，ニスベット（Nisbett, 2018）が提唱したのが，名誉の文化仮説です。南部の暴力犯罪の多くは口論，とくに家族や自分に対する侮辱がきっかけになって発生しています。また，南部の中で殺人が多いのは丘陵乾燥平原で牧畜地域でした。ここから彼らは，南部で暴力が多いのは，牧畜業に従事していることに原因があると考えました。狩猟や農耕に比べて牧畜業は財産が奪われる危険性が大きく，それに対処するためには，自らが不正に対して脆弱でなく，侮辱や不正に対しては力で対抗することも厭わないことを態度で主張する必要があるというのです。これを「名誉の文化（culture of honor）」理論といいます。

になるためには，非行少年なりのルールや行動指針を学ばなければならず，その手っ取り早い方法が非行グループに所属することだからです。

3.3.2　人はなぜ非行集団に所属するのか

　では，なぜ，人々は非行集団に所属するのでしょうか。一つは地理的な要因です。同じ地域に非行集団が存在すれば，その集団に所属するのは容易になります。小学校のときの同級生に誘われて，非行グループに所属するという経路はよくあります。また，「仲間や友だちが欲しかったから」「学校や仕事がおもしろくなかったから」などの理由により，同じような境遇の少年たちがグループ化することもわかっています。このようなグループが形成されるとそのグループに属することで安心感が得られ，それが集団帰属意識を通して非行行動に結びつきます（コラム 3.6 参照）。

　分化的接触理論の一つの問題点は，まわりが非行少年ばかりでも非行に走らない少年の存在です。われわれは非行問題を論じるときには，非行少年ばかりに目がいってしまいますが，実際には非行少年のまわりには非行に走らない少年が数多くいます。彼らは，なぜ非行少年にならないのでしょうか。また，その逆にまわりに非行少年がいなくても非行に走る少年がいるということも分化的接触理論では説明しにくい現象です。

3.3.3　分化的同一化理論

　グレイザー（Glaser, D.）は，犯罪の学習は直接的な接触による学習のみでなく，むしろ犯罪者との心理的な同一化が，重要な役割を果たしているのではないかと提案しました。たとえば，若者がたとえ，アル・カポネ（アメリカの禁酒法時代の有名なギャング）に会ったことがないとしても，彼を理想化し，彼のような人物になろうと思えば，犯罪親和的な態度や行動は学習可能だというのです。これは，たとえば，やくざ映画や不良の出てくるマンガを読むことによって影響を受けるといったような，メディアの影響も説明しています。実際の不良少年の多くが，先輩や自分たちのグループのボスのよ

コラム 3.4	非行少年は友だちが好きか？

　非行少年というと，友人関係がきわめて強固な集団であるように思われます。彼らはいつも一緒にいるだけでなく，同じグループの友人たちを「ソウルメイト」とよんだりしますし，アメリカの少年ギャンググループでも「血の絆」を作ったりします。ところが，これはハーシ（Hirschi, 1969）らの社会的絆理論（3.4.1 参照）には反している現象だと思われます。ハーシらは，強固な友人関係は非行を抑制すると述べています。

　では，ハーシらは間違っているのでしょうか。じつは研究を進めてみると，興味深いことがわかってきたのです。それは非行少年はいつも一緒にいる友人を信頼していないし，好きでもなく，自分の問題の多くは友人に原因があると考えているということです。日本の調査でも，一般少年に比べて非行少年のほうが友人に対する満足度が低いということが示されています（図 3.2）。

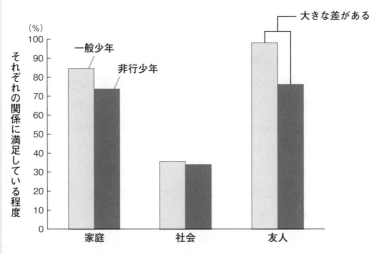

図 3.2　非行少年と一般少年が「家族，社会，友人」に満足している程度
（平成 17 年版「犯罪白書」より作成）

うな人物を理想化して，そのようになろうとしているというのはよくあることです。一方で，たとえ不良グループが身近にいてもスポーツ選手など不良でない人物を人生の目標として，その人物に同一化しようとすれば，非行少年にならないということもあります。グレイザーのこの理論は**分化的同一化理論**（differential identification theory）とよばれています。

3.4　社会的絆理論

3.4.1　「人はなぜ犯罪を行わないのか」という問題意識と絆理論

　これまで，犯罪や非行の研究は「そもそも人はなぜ犯罪を行ってしまうのだろうか」という観点で行われてきました。ハーシ（Hirschi, T.）はこの問題の立て方がそもそも間違っているのではないかと考えました。彼は，「人はなぜ犯罪を行わないのか」について考えたのです。

　彼はこの考えを基に，**社会的絆理論**（social bond theory）を作りました。この理論では，われわれが犯罪や非行を行わないのは，4つの絆によってそれが抑制されているからだと考えます。

　第1の絆は**愛着**（attachment）です。これは両親や学校，友人に対する愛着が犯罪を抑制するというものです。もし，非行をすれば，両親や友人，そして大好きな学校を失ってしまう可能性があるからです（**表**3.1，**図**3.3）。

　第2の絆は**投資**（commitment）です。われわれは今の自分を作り上げてくる過程で自らに多くの資源を投入しています。たとえば，勉強です。もし，犯罪を犯して捕まってしまえば，それまでの投資は無駄になってしまいます。高学歴になるほど犯罪に手を染める人が少ないのはこの要因があるからだと考えられます（**表**3.2，**表**3.3参照）。

　第3の絆は**巻き込み**（involvement）です。これは簡単にいえば「暇」です。合法的な活動に時間がとられているとわざわざ違法な行動をとっている暇はありません。少年にとっては，クラブ活動，塾や勉強などですし，大人にとっては仕事がこれにあたります。無職者の犯罪が多い理由は，この要因

表3.1　ハーシの社会的絆理論（家族への愛着と
　　　　非行との相関係数）(Hirschi, 1969)

	母親	父親
子どもから親へのコミュ ニケーションの親密さ	− .20	− .17
親から子どもへのコミュ ニケーションの親密さ	− .23	− .22
愛 着 尺 度	− .24	− .08
監 督 状 況	− .24	− .24

ハーシは非行と家族への愛着の関係について分析
しました。その結果，親とのコミュニケーション
が密接であったり，親に対する愛着が強い，親か
ら監督されているほど非行頻度が小さいというこ
とがわかりました。また，父親との関係よりも母
親との関係が重要であることもわかりました。

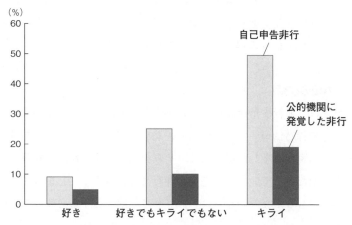

図 3.3　ハーシの社会的絆理論（学校への愛着と非行との関係）(Hirschi, 1969)
学校が好きかという質問の回答ごとの「2 件以上の非行を行ったことがある」少年の
割合を調べたところ，学校嫌いな少年で非行が多いということがわかりました。

に関係していると思われます。

　第4の絆は規範（belief）です。これは、そもそも社会のルールや法律な
どをどの程度尊重しているかについての意識をさします。ルールを尊重して
いなければ、当然、非行や犯罪を行いやすくなってしまいます。

3.5 漂流理論

3.5.1 非行少年は漂流しているだけだ

　これまであげてきた非行の理論はいずれも、非行少年は一般社会とは異な
った独特の非行文化に染まってしまったものたちであるとされています。と
ころが、非行少年の多くは、朝から晩まで非行行為を繰り返しているのかと
いえばそうではなく、ほとんどの時間は法律や規則に従った遵法的な生活を
しています。しかも、ほとんどの非行少年はある程度の年齢になると外部か
ら強制されなくても非行を「引退」し、まっとうな社会に戻っていきます。

　これは、非行少年は非行文化と遵法文化の間をふらふらと揺れ動き、漂流
しているような存在であることを意味します。このような見解を示したのが
マッツァ（Matza, D.）の漂流理論（drift theory）です。

3.5.2 中和の技術

　マッツァは、非行少年が非行文化に染まっているわけではない理由として、
彼らが自己の行為について、罪悪感や羞恥心を持っていることをあげていま
す。また、逸脱行為をした場合には、それを正当化するために弁解をするこ
ともその証拠だとしています。完全に非行文化に染まってしまって、普通の
生活に戻るつもりがないのならば、わざわざ弁解などする必要はないはずだ
からです。

　サイクスとマッツァは、この弁解のスタイルについて分析し、これを中和
の技術（techniques of neutralization）とよびました（Sykes & Matza, 1957）。
中和の技術には次のようなものがあります。①責任の否定（「親が虐待した

表3.2　**進学希望と非行率の関係**（Hirschi, 1969）

		白　人	黒　人
最終的にどのような学歴を得たいと思っているか	大学に行かない	.56	.56
	何らかの大学教育	.47	.51
	大学卒業	.40	.38

数字は1つ以上の非行を行ったと自己申告した人の割合。白人で大学まで
いきたいと思っている人の非行率は40％ですが，大学に行かないと思って
いる人は56％です。つまり，将来への希望や投資が非行を抑制しています。
実際に検挙される非行少年は黒人のほうが圧倒的に多いですが，自己申告さ
れた非行率はほぼ同じです。

表3.3　**将来つきたい職業と非行率**（Hirschi, 1969）

		望ましい職業		
		専門職	ホワイトカラー	肉体労働
予期される職業	専門職	.66	—	—
	ホワイトカラー	.53	.71	—
	肉体労働	.90	.93	.97

数字は1つ以上の非行を行ったと自己申告した人の割合。ここでは，つき
たい職業と実際につくであろう職業がクロス表になっています。いずれも，
専門職やホワイトカラーである場合に非行率は少なくなります。これは，将
来への希望や投資が非行を抑制することを意味しています。ちなみに，アノ
ミー理論は，つきたい職業と実際につくであろう職業のギャップが大きい場
合に非行化が最も生じやすいと予測しますが，このデータはそうなっておら
ず，アノミー理論でなく社会的絆理論が支持されていることがわかります。

から俺はこんなことをしてしまった。親が悪い」「相手が先になぐってきた
から相手が悪い」），②加害の否定（「取られた金は保険で出るのだから誰も
迷惑していない」「取ったんじゃない借りていただけだ」），③被害者の否定
（「相手があくどいから俺が懲らしめてやっただけだ」），④非難者に対する非
難（「警官だって汚職とかやってるじゃないか」「教師に俺を責める資格はあ
るのか」），⑤高度の忠誠心への訴え（「仲間のためにやったのだ」「組織を守
るためにやったのだ」）といったものです。

3.6　ラベリング理論

3.6.1　非行少年と見られることによって非行少年になる（悪の劇化）

　ラベリング理論（labeling theory）は，ベッカー（Becker, S.）によって提
唱された犯罪理論です。これは，ある人間が犯罪者になるのは，周囲から彼
が犯罪者と見られてそのようなラベルを貼られてしまうからだと考えます。

　ある少年が，たまたま何らかの非行を犯してしまったとします。もし，彼
が検挙されなければ，彼はその一度の非行だけを行って，まっとうな大人に
なっていったかもしれません。ところが，たまたま検挙され少年鑑別所に入
所したとしましょう。この瞬間から，彼は「鑑別所に行った不良」というラ
ベルを貼られることになります。彼はまわりからそのように見られてしまい
ます。このラベルは常に彼につきまとうでしょう。すると，どうでしょうか。
彼は，もはや普通の少年のように生きていくほうが困難になってしまいます。
むしろ，まわりから見られる「非行少年」として行動するようになってしま
います。つまり，まわりからのラベルが彼を本物の非行少年にしてしまうの
です。

コラム 3.5　　アルバイトは非行を促進するのか？

　さて，アルバイトは非行を促進するのでしょうか，それとも抑制するのでしょうか。アルバイトは合法的な活動ですから，ハーシの理論によるならば，「巻き込み」によって，非行は抑制されるはずです。しかし，一方で高校生がアルバイトで大学生や社会人と接触することによって，大人の文化や非行行動を学んでしまう可能性もあります。つまり，分化的接触理論によれば非行が促進される可能性もあるわけです。この点について調査を行ったのは山本（2005）です。

　山本は一般高校生や警察に補導された少年を対象に調査を行い，大学進学の希望，部活動への参加，学期中のアルバイト，性別が非行に及ぼす効果について検討しました。非行の頻度は自己申告を用い，分析にはロジスティック回帰分析という方法が用いられました。分析の結果，大学進学の希望と部活動などの合法的活動への参加，そして女性であることは非行の可能性を減少させるものでしたが，学期中のアルバイトは非行の可能性を大きく増加させるものでした（表3.4）。

　この研究ではアルバイトと非行の因果関係は必ずしも明確ではありませんが，どうやら，アルバイトと非行には正の相関関係があることは確かなようです。

表 3.4　アルバイトが非行に及ぼす効果 (山本，2005)

	β	オッズ比
大学進学の希望	−0.39	0.679
部 活 動 等	−0.36	0.697
アルバイト	1.24	3.466
性　　別	−0.34	0.714
定　　数	0.47	1.605

オッズ比はその項目があると非行のしやすさがどのくらい増加するかの指標。1なら変わらず，1以下なら減少，1以上なら増加することを示します。数値が大きくなるほど増加の程度は大きくなります。

3.6.2　誰がラベルを貼るのか

　ラベリング理論のもう一つの重要な点は，結局のところ，誰がラベルを貼るのかという問題です。この理論を基に考えると司法機関や社会は，自分たちの都合の悪いものに対して逸脱というラベルを貼り，その結果として彼らを社会から排除しようとしているととらえることも可能です。実際にマイノリティや貧困者などはこれらのラベルを貼られやすいという現象や，社会的弱者が行う逸脱行為は犯罪として処罰の対象にされやすいのに，上流階級の人々が行う逸脱行為は処罰されにくいこともあります。つまり，犯罪はラベルを貼るものと貼られるものの社会的相互作用の中で生み出されるというのです。

3.6.3　ラベリング理論のインパクト

　ラベリング理論が非行を作り出す主要なメカニズムだとすると，非行少年を補導したり，少年院などの施設で処遇することはかえって逆効果になる可能性があります。そのような行為自体が彼らにラベルを付与することになってしまうからです。そこで，ラベリング理論が盛んだった時代には非行少年や犯罪者をなるべく司法手続きから排除しようという政策が実行されたりしました。その一つが **4D 政策**です。4D とは，そもそも「犯罪」といわれているものを非可罰にして犯罪を減らす**非犯罪化**（decriminalization），なるべく少年院や刑務所に入れないようにする**脱施設化**（deinstitutionalization），パターナリズムや少年保護などの恣意的な処分をなくす**適正手続き**（due process），医療，教育など刑事手続き以外の方法で処分を行う**ダイバージョン**（diversion）の 4 つをさします。これらは刑事司法に大きな影響を与えましたが，残念ながら非行や犯罪の減少にはあまり寄与しませんでした。

| コラム 3.6 | 水田恵三のトルネード仮説 |

　水田ら（2001）は，非行少年が友人関係を入り口にして，非行行動を深化させていく過程を渦巻きに例え，トルネード仮説を提案しました。

　少年たちはまず，「退屈をしのぎたい」「自分をわかってもらいたい」などと考えている友人たちの間でグループを形成します。グループ内の友人たちが共通して持つ，否定的な自我同一性，利那主義や閉塞感などは次第に共有され，反社会的な価値観が形成されていきます。すると，同調や内集団びいき，没個性化，責任分散などのグループ・ダイナミックスのメカニズムによって，集団での非行行動は次第にエスカレートしていってしまうというのです。

　実際，多くの非行少年は，ちょっとした友人関係をきっかけに非行に「巻き込まれて」いってしまい，後戻りできなくなったということが多いのが事実です。この仮説はそのプロセスをうまく描き出しているといってよいでしょう。

| コラム 3.7 | 非行絶縁体理論 |

　サザランドの分化的接触理論は，非行文化の蔓延する社会に育てば多くの人は非行少年になることを予測します。しかし，現実には非行多発地帯に育っても約半数の子どもたちは非行少年にはなりません。それはいったいなぜなのでしょうか。この問題を研究したのがレックリス（Reckless, W. C.）です。彼は，非行多発地帯の中に育った「良い少年」たちを対象に研究を行いました（Reckless et al., 1956）。その結果，このような少年たちは，他の非行少年たちと自分は違った存在であり，自分は非行少年たちに安易に同調せず，トラブルから距離を置き，両親や教師などの期待に添うように生きていくべきだという「良い自己概念」を持っているということがわかりました。このような非・非行態度の内在化が彼らを非行から遠ざけていたのです。レックリスはこれを非行絶縁体（delinquency insulator）とよびました。また，非行絶縁体の形成には，子どもに注意を払って彼らをよき存在として育てようとする両親の態度が重要であることがわかりました。

参考図書

矢島 正見・山本 功・丸 秀康（編著）(2009). よくわかる犯罪社会学入門　改訂
　　　版　学陽書房
　犯罪社会学の観点で書かれたわかりやすい入門テキストです。
藤本 哲也 (2003). 犯罪学原論　日本加除出版
　犯罪の社会的原因論について，原典などの記述をていねいに読み解きながら詳細
に説明してあるテキストです。

キーワード

リヨン環境学派，貧困，模倣，環境要因説，犯罪常態説，アノミー理論，文化的目
標，非行サブカルチャー理論，制度化された手段，アメリカン・ドリーム，緊張，
革新，逃避主義，分化的接触理論，学習，名誉の文化理論，所属，同一化，分化的
同一化理論，社会的絆理論，愛着，投資，巻き込み，規範，漂流，漂流理論，罪悪
感，羞恥心，弁解，中和の技術，ラベリング理論，アルバイト，4D政策，非犯罪
化，脱施設化，適正手続き，ダイバージョン，トルネード仮説，非行絶縁体理論

予習問題

　次の要因が犯罪や非行の発生に与える影響について調べ，まとめて下さい。
①友人関係，②景気や失業率，③法律や規則の厳しさ，④アルバイト

第4章

暴力犯罪

　殺人事件は，すべての犯罪類型の中でも最も重大なものです。また，傷害事件や暴行事件も人々に大きな苦痛と恐怖をもたらすものです。しかし，残念なことに，新聞にはほぼ毎日殺人事件や傷害事件についての記事が掲載されています。暴力に基づくこれらの犯罪をなくしていくためには，まず，その特徴を知り，メカニズムを明らかにしていくことが必要です。本章では暴力犯罪の特徴について見てみることにしましょう。

4.1 殺人・傷害

4.1.1 殺人・傷害の定義と現状

　殺人は，故意に人を殺害する行為，傷害は怪我をさせる行為です。これら
の犯罪はテレビドラマなどで取り上げられることが多く，われわれが犯罪の
代表と考える行為ですが，実際問題として，窃盗などのありふれた犯罪に比
べれば，発生数は非常に少ないものです。たとえばわが国では，殺人事件は
平成 29 年には 900 件程度発生していますが，窃盗は認知件数だけで 65 万件
発生していますので，じつに 0.1％以下です。殺人事件といってもその中に
は未遂罪，つまり犯行に着手したが殺人に至らなかったケースが多数含まれ
ています。殺人では，だいたい 75％程度が未遂事件です。そのため，実際
に殺人事件で命が絶たれるケースは，年間 250 人以下です。わが国の殺人事
件の数は他の国に比べ非常に少なく，10 万人あたりの殺人既遂数は，メキ
シコで 25 人，アメリカで 5.5 人，ドイツ，フランス，イギリスで 1.2 人程度，
わが国で 0.24 人程度になっています。

4.1.2 衝動的な暴力犯罪と計画的な暴力犯罪

　暴力犯罪は，①計画的で制御されているもの，②衝動的で制御されていな
いもの，に大きく分けることができますが，実際にはほとんどの殺人，傷害
事件が衝動的なもので，計画的なものはほとんどありません。殺人事件の被
害者―加害者関係（Victim-Offender 関係）を見てみると，配偶者と親子で全
体の半数を占めます（図 4.1，図 4.2）。また，動機としては，金銭トラブル，
恋愛トラブル，普段からの恨みが 3 大動機といわれています。ただ，最近は
介護疲れなどからくる介護殺人や介護心中などが増加しています。

4.1.3 抑制欠如型と抑制過剰型

　メガーギーとボーンは，衝動的で制御されていないタイプの暴力をさらに
2 種類に分類しています（Megargee & Bohn, 1979）。一つは抑制欠如型

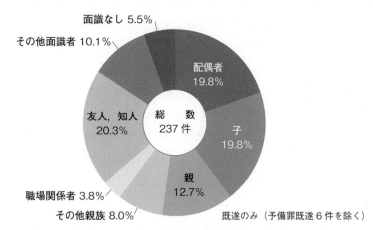

図4.1　人は誰に殺されるのか？——被害者から見た加害者の属性（日本）（平成29年）
日本の殺人事件の検挙率はほぼ100％です。犯人が検挙された事件の被害者のうち，半数以上は家族に殺されています。見ず知らずの人に殺されるのは，5％程度です。
（注）平成29年の刑法犯に関する統計資料（警察庁）

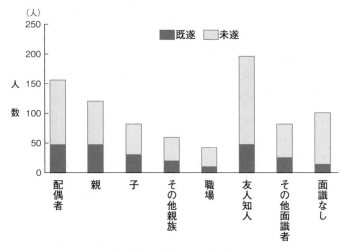

図4.2　関係別殺人既遂，未遂数（平成29年）
（注）1. 平成29年の刑法犯に関する統計資料（警察庁）
　　　2. 関係とは被疑者から見た被害者の属性を示します。

（undercontrol）とよばれるものです。これは，ストレスや欲求不満がそのまま抑制されずに暴力に結びつくものです。このタイプの犯罪の加害者は外向的で，普段から怒りやすくちょっとしたことで暴力をふるい，問題児と思われています。もう一つは，**抑制過剰型**（overcontrol）で，これらの感情を抑え込むタイプです。それゆえ，このタイプの人はまわりからは一見，おとなしく模範的な人物であるととらえられています。しかし，この抑制された怒りがある程度蓄積されると，爆発的に放出される危険性があります。「普段おとなしかったのになぜ突然こんな凶行を」といった事件です。このタイプの犯罪もしばしば危険で残忍なものになります。

 連続殺人

4.2.1　連続殺人の定義と現状

　殺人事件の中でも，最も凶悪でかつ捜査が困難なものとして**連続殺人**（serial murder）があります。これは，1人（まれに2人）の犯人が連続して多くの被害者を殺害するタイプの犯罪です（表4.1）。一度に殺害されるのは，1～2人程度であり，しばらく時間をあけてから，次の犯行が行われ，これが繰り返されるのが特徴です。殺人と殺人の間の期間を**冷却期間**とよびます。

　一般の殺人事件の多くは，被害者と加害者の間に恋愛や金銭のトラブルがあり，それに起因する恨みが事件の大きな動機になっています。このように被害者と加害者に事前のつながりがある場合，犯人を見つけるのはそれほど難しくありません。被害者とトラブルになっている人を探せば，その人物が犯人である可能性が大きいからです。ところが，連続殺人の場合，被害者は行きずりの人物であることが多いのです。そのため，捜査も困難になりがちです。

4.2.2　秩序型と無秩序型

　そこで，1970年代にFBI（Federal Bureau of Investigation；アメリカ連邦

表4.1 **代表的な連続殺人事件**

犯　　人	事件の概要
テッド・バンディ Ted Bundy	1974〜78年にかけてワシントン州，ユタ州，フロリダ州などで30人以上の女性を殺害した。
ヘンリー・リー・ルーカス Henry Lee Lucas	1979〜83年頃にかけて全米17州で300人を殺害したと自供している。最初に殺害したのは，自分の母親である。
リチャード・チェイス Richard Chase	1977〜78年にカリフォルニア州サクラメントで6人を殺害し，そのうち3人の血を飲んだ。
ジョン・ウェイン・ゲイシー John Wayne Gacy	1972〜78年にシカゴを中心に少年33人を殺害して自宅の敷地内に埋めた。
ロバート・ハンセン Robert Hansen	1971〜83年にかけて，アラスカ州で17人の女性を殺害した。拉致した女性を荒野に放ち，狩りをするように殺害した。
サミュエル・リトル Samuel Little	1970年頃〜2010年頃にかけて全米で合計93人以上の女性を殺害したことを自供した。
アイリーン・ウォーノス Aileen Wuornos	1989〜90年にフロリダ州で7人の男性を殺した娼婦。自分をレイプしようとしたので殺害したと供述。
エドモンド・ケンパー三世 Edmund Emil Kemper Ⅲ	1964〜73年，カリフォルニア州で自分の祖父母，母親，ヒッチハイカーなど10人を殺害した。
デビッド・バーコヴィッツ David Berkowitz	1976〜77年にニューヨークで若い女性やカップルら13人を拳銃やショットガンで撃ち，6人を殺害し，8人に重傷を負わせた。「サムの息子」という名前でマスコミに手紙を出した。
「酒鬼薔薇聖斗」	1997年，神戸市で小学生3人をハンマーで殴ったり腹部を刺して1人を殺害，2人に重傷を負わせた。その後，別の小学生を殺害して頭部を切断し，中学校の校門前に置いた。
勝田 清孝	1972〜83年にかけて名古屋，大阪，神戸などの広範囲な地域で強盗殺人を繰り返し，本人の言によれば合計22人を殺害した。
木嶋 佳苗	2007〜09年にかけて多数（起訴されたのは3人）の男性から金を奪い，練炭などを使用して殺害した。

捜査局）は連続殺人犯人を検挙するために，その特性について，研究を行うことにしました。研究には，FBI のベテランの捜査官があたりました。彼らは，すでに検挙されている連続殺人事件の犯人とその犯行の状況を綿密に分析しました。その結果，まず，連続殺人には，大きく2種類の犯行パターンがあることが明らかになりました。一つは**秩序型**（organized type）といわれるものであり，もう一つは**無秩序型**（disorganized type）といわれるものです（第8章参照）。興味深いことに，これらの犯行パターンのそれぞれを引き起こす犯人の属性が異なっていたのです。これは，連続殺人の犯行パターンを見れば，その犯人の属性がある程度推測できることを意味します。FBI は，この法則を利用して，**プロファイリング**（profiling）という技術を作り上げました（詳しくは第8章で説明します）。

4.2.3　ホームズの連続殺人犯人の分類

　ただ，FBI が行った分類は，犯行現場の状態を基にして，連続殺人を分類しただけであって，その動機については必ずしも明らかにしていません。これに対して，ホームズ（Holmes, R. M.）は，動機的な側面を含めて連続殺人事件を分析し，犯人を4つのカテゴリーに分類しました。

　第1のタイプは**幻覚型**（visionary）です。これは，妄想性の精神疾患によって引き起こされるタイプの連続殺人です。たとえば，リチャード・チェイス（Richard Chase）は，「血を飲まなければ生きていけない」という妄想があり，それを実行するために連続して殺人を犯しました。他にも「誰かが自分を殺そうとしている」などの妄想が生じ，自己防衛のために他人を殺傷することがあります。犯人は重度の精神疾患であるため，緻密な計画を立てることは多くなく，また，犯行も隠蔽せず，遺体も放置するなど，FBI の分類でいえば，無秩序型の行動をとるのが普通です。ただ，注意しなければならないのは，精神疾患を持つからといって連続殺人を起こしやすくなるわけではないということです。多くの精神疾患はむしろ犯罪を起こしにくくします。

　第2のタイプは**使命型**（mission）です。これは「世の中を悪くしている

コラム 4.1　　連続殺人のケース──宮﨑 勤

　宮﨑 勤は 1988 年から 1989 年にかけて埼玉県南西部から東京都北西部にかけての地域で 4 歳から 7 歳の女児 4 人を誘拐して殺害した連続殺人犯です。最初の事件は 1988 年 8 月で，埼玉県入間市で 4 歳の幼稚園児が行方不明になりました。その後，10 月に飯能市で，12 月に川越市でやはり女児が行方不明になったことから警察は連続誘拐事件として捜査を始めました。すると，翌年の 2 月に，「今田勇子」と名乗る犯人が，犯行声明文と焼かれた骨の一部を最初に行方不明になった女児宅の玄関前に置き，さらには声明文をマスコミにも送りつけたのです。また，6 月には，今度は東京都江東区で女児を誘拐し，バラバラにした遺体を埼玉県の霊園に遺棄しました。捜査は難航するように見えましたが，7 月に東京都北西部で別の女児に対する強制わいせつ事件を起こして検挙された宮﨑が，取調べの過程で一連の事件についても自供を始め，事件は解決しました。宮﨑は遺体の映像などをビデオで撮影して自室に保存していました。精神鑑定も行われましたが，2008 年に死刑が執行されました。

コラム 4.2　　連続殺人のケース──テッド・バンディ

　テッド・バンディ（Ted Bundy）は，1974～78 年にかけて 30 人以上の女性を殺害した「世界で最も有名な」連続殺人犯人です。彼は，高学歴でハンサムで聡明で，外見からはとても殺人犯人に見えません。彼の殺人遍歴は，ワシントン大学の学生だった時代に始まりました。彼は，怪我人を装い，手伝いをしてくれようとした女子大学生を自分の車に連れ込み，監禁して殺害していったのです。遺体は山に遺棄しました。しばらくして，警察はこの町で連続殺人が発生していること，犯人は若い男性だということを把握し，似顔絵まで作成しました。しかし，このころには，彼はすでにユタ州に移動していました。ここでも彼は警察官を装って，女性を，やはり自分の車に連れ込んで殺害することを繰り返しました。彼は交通違反が元で警察に逮捕されましたが，脱走。フロリダ州にわたって女子大学の寮に侵入し学生を殺傷した後，逮捕されました。彼は，裁判では自分自身を巧みな弁舌で弁護しました。最終的に，被害者に残した歯形が彼の歯の形と一致したことなどから有罪となり，死刑が宣告され執行されました。

のは黒人だ」「売春婦がアメリカを堕落させている」「妊娠中絶をする医師が
いるから性道徳が乱れる」などの偏った信念によって対象のカテゴリーに属
す人物を殺害していくタイプです。たとえば，麻薬中毒者9人を「処刑」し
た，フロリダ州の警察官，マニュエル・パラド（Manuel Pardo）などがこの
タイプです。このタイプの殺人犯は，自分の正義感と価値判断によって確信
的に事件を犯しているため，罪悪感はありません。

　第3のタイプは**快楽型**（hedonistic）です。これは性欲が殺人，傷害や暴
力と結びつき，自らの性欲を満たすためにこれらの行為を行うタイプです。
ジョン・ウェイン・ゲイシー（John Wayne Gacy）や宮﨑 勤など著名な連続
殺人犯人の多くはこれに分類されます。幻覚型や使命型の場合，犯人は被害
者を殺せば目的が達成されるので，銃などの致死性の高い強力な凶器を用い
て比較的あっさりと殺害を行います。それに対して，快楽型は，犯人が殺人
行為そのものを楽しむために，犯行は拷問などを含む残忍なものになりがち
です。ナイフを使用しての刺殺や窒息などの方法をとります。性欲は他の基
本的な欲求と異なり，さまざまな対象と結びつくことがあると指摘されてい
ます。その中でも，暴力と結びつくことが非常に多く，連続殺人犯人におい
ても何らかの理由によって，性欲と暴力が結びつき，この傾向が極端になっ
ていると考えられます。

　第4のタイプは，パワー・コントロール型（power/control）です。この
タイプの主な動機は支配と優越です。犯人は被害者のすべて，生命までを自
分の思うがままにコントロールしたいという欲求を持ち，これを実現させる
ために行動します。ホームズはテッド・バンディ（Ted Bundy）をこのタイ
プに分類しています（コラム4.2参照）。犯人は，被害者をつけ狙い，拘束
して監禁し，レイプ，暴行，拷問などを行います。最終的には殺害に至りま
すが，このタイプも快楽型と同様に殺害という結果よりもそのプロセスを重
視します。

表 4.2 **男性の連続殺人犯人と女性の連続殺人犯人の殺害手口の比較（重複可）**(Hickey, 2011)

	男性連続殺人犯人	女性連続殺人犯人
銃	41%	20%
絞殺・窒息	37%	16%
刺　　殺	34%	11%
撲　　殺	26%	16%
毒　　殺	6%	45%
溺　　殺	3%	5%
その他の方法	2%	0%

男性は，銃，絞殺・窒息，刺殺などさまざまな殺害方法をとるのに対して，女性は，毒殺がとび抜けて多いことがわかります。

表 4.3 **男性の連続殺人犯人と女性の連続殺人犯人の動機の比較（重複可）**(Hickey, 2011)

	男性連続殺人犯人	女性連続殺人犯人
性　　的	46%	10%
コントロール	29%	13%
経　済　的	19%	47%
楽しむため	16%	11%
人　種　差　別	7%	0%
精神的問題	6%	0%

男性は，性的目的の殺人が多いのに対して，女性は，経済的な動機が多いことがわかります。

4.3　女性による連続殺人

4.3.1　女性は連続殺人をしないのか

　FBI は，当初，連続殺人は男性が性的な目的によって引き起こすものだと考えていました。しかし，その後，女性の連続殺人犯人も存在しているということがわかってきました。ただし，女性の連続殺人犯人の行動や動機は男性の連続殺人犯人の動機や行動と大きく異なっています。たとえば，男性の連続殺人犯人は，性的な動機に基づいて殺人を犯すものが多いですが，女性にはこのようなタイプはあまりいません。女性の連続殺人犯人で最も多い動機は経済的なものです（**表 4.2**，**表 4.3** 参照）。女性に比較的多いタイプの連続殺人として，「黒い未亡人型」といわれるタイプと「死の天使型」といわれるタイプがあります。

4.3.2　黒い未亡人型

　黒い未亡人型（black widow）の連続殺人犯人は，資産家と結婚し，夫を殺害してその財産を奪うという行動をとります（**コラム 4.3** 参照）。生命保険制度の発達とともに，被害者は資産家でなくても生命保険をかけることができれば誰でもよいという形に変化してきました。最近では，インターネットの出会い系サイトなどで，お金を持ち，かつ結婚相手を探している人を見つけることができるようになりましたので，容易にターゲットを見つけることができます。手口としては毒殺が一般的です（日本では，アルコールを飲ませて風呂や海で溺死させるパターンや，薬物を大量に摂取させて殺害するパターンなどもよくあります）。このタイプの代表的な人物として，保険金をかけた上でタリウムを使って夫2人や娘，親戚の老婆などを殺害したマーサ・マレク（Martha Marek）や，インターネットのマッチングアプリで知り合った男性から金を奪って次々に殺害したといわれている老女，メリッサ・アン・シェパード（Melissa Ann Shephard）などがいます。

コラム 4.3　　女性による連続殺人のケース――筧 千佐子

　筧 千佐子は，典型的な黒い未亡人型の連続殺人犯で，起訴されたのは 4 件の事件だけですが，実際には 10 人以上を殺害したと考えられています。検挙時の年齢は 68 歳でした。彼女は，2006 年頃から 2013 年頃にかけて，高齢で資産家の男性と次々と知り合い，交際，あるいは結婚して殺害しその資産を奪いました。奪った資産の総額は 10 億円にも達すると思われています。殺害は青酸化合物を用いる方法で，栄養剤と称してカプセルに入った毒物を被害者に摂取させました。カプセルは溶けるまで時間がかかるので，その間に自分のアリバイを作るという巧妙な計画でした。警察は死亡したのが高齢者であったこと，彼らの多くががんであったり，脳や心臓に疾患を抱えていたことから，病死あるいは突然死として処理していて，そもそも殺人事件であるということさえ気づけませんでした。そのため，発覚しないまま殺人を重ねることができたのです。ところが彼女のまわりで不審な死亡が連続していること，最後に亡くなった被害者から青酸化合物が検出されたことから捜査が始められ，最終的には検挙されました。現在，地裁，高裁で死刑判決が出されています。

コラム 4.4　　女性による連続殺人のケース――ジニーン・ジョーンズ

　ジニーン・ジョーンズ（Genene Jones）は，「死の天使型」の連続殺人犯人です。彼女は 1981 年，テキサス州サン・アントニオのベクサー病院（Bexar County Hospital）の小児科に勤務していました。この病院の集中治療室で 20 人もの子どもが次々に死亡したため，原因を調査したところ，点滴から抗凝固剤が検出されました。誰かが，点滴にこの薬物を入れて子どもを殺したという疑いが出てきたのです。子どもが死亡したとき，ジニーン・ジョーンズがいつも勤務していたことから，病院当局は彼女を疑いましたが，この時点では証拠はありませんでした。しかも，彼女はとても優秀な看護師でしたし，そもそもそのようなことをする動機がないと思われました。病院は最終的に彼女を解雇することで事態を収拾させました。彼女はその後，他の病院に就職しましたが，すると，その病院で原因不明の子どもの死亡が発生し始めたのです。もちろん，ベクサー病院では死亡事故がなくなりました。彼女は，予防注射に筋弛緩剤を入れて子どもを殺害したことが発覚し検挙されました。彼女が殺害した子どもは 60 人以上にも上ると考えられています。

4.3.3　死の天使型

　死の天使型（death angel）の殺人犯人は，看護師です。犯人は，自分の患者の容体を薬物などによってわざと悪化させ，自分で救命措置や，献身的な看護を行いますが，この過程で何人もの犠牲者が出てしまいます。

　代表的な犯人として，テキサス州で乳幼児46人以上に薬物を注射して殺害したジニーン・ジョーンズ（Genene Jones）がいます（コラム4.4参照）。彼女が子どもに薬物を注射した理由は，「容体が急変した子どものもとにいち早く駆けつけて，適切な治療をしてその子どもの命を救う」行為をしたかったからだと考えられています。死亡してしまった子どもたちは，運悪く彼女が救うことができなかったのです。このタイプの殺人犯人は，自らが人の命を左右することができるのだという一種のパワー感覚を求めていたり，自分の能力を他者に賞賛してもらいたいために，このような犯罪を犯すのではないかと考えられています。

4.4　大量殺人

4.4.1　大量殺人の定義と現状

　大量殺人とは，1人の犯人（まれに複数のことがある）が，同時に1つの場所で多数の人を殺害するタイプの殺人です（コラム4.5，コラム4.6参照）。FBIは一度に4人以上の人を殺すことと定義しています。日本では，さすがにこれほどの事件は少ないので，一度に3人以上とか2人以上が死傷した場合などと定義することが多いです。フォックスとレビンは，大量殺人事件を犯人の動機に基づき，復讐型（revenge），パワー型（power），誠実型（loyalty），利益型（profit），テロ型（terror）の5つに分類しています（Fox & Levin, 2003；表4.4参照）。また，越智・木戸（2011）は日本の大量殺人事件を犯人の行動とその属性に注目し，無差別大量殺傷型，一家心中型，凶悪犯罪型の3つに分類しています（表4.5参照）。

コラム 4.5   大量殺人のケース──パトリック・パーディ

　パトリック・パーディ（Patric Purdy）は，1989年1月17日カリフォルニア州ストックトンのクリーブランド小学校でAK47を乱射して6～9歳の児童5名を殺害し，39人の児童に重傷を負わせた犯人です。彼はワシントン州で生まれましたが，父親のDVが原因で両親が離婚し，母親とともにストックトンに越してきてここで育ちました。彼は若い頃から，拳銃の不法所持，窃盗，強盗，売春，麻薬取引などのさまざまな犯罪に手を染めている不良でした。また，アルコールと麻薬中毒の問題も持っていました。1987年には溶接の技術を身につけ就職しようとしましたが，就職はなかなかうまくいきませんでした。彼は，自分が就職できない理由の一つとして，アジアからの移民がアメリカ人の仕事を奪っているのではないかと考えました。彼はもともと不平不満が多く，次第にフラストレーションはたまっていきました。そして，ある日，彼は遂に事件現場の小学校に向かったのです。この学校は，アジア系の移民が71%を占め，とくにベトナム系移民が多く通っていました。彼の銃撃で死亡した子どもたちは全員がアジア系移民でした。銃の乱射は1分半ほどでした。乱射後，彼は拳銃を頭にあてて引き金を引き，自殺しました。

コラム 4.6   大量殺人のケース──趙 承熙

　趙 承熙（チョ・スンヒ）は2007年4月にアメリカのバージニア州にあるバージニア工科大学で銃乱射事件を起こした犯人です。この事件では，合計32人が殺害され，犯人自身も自殺しました。

　彼は，8歳のときに家族とともに韓国からアメリカに移住しました。彼は学業成績は優秀でしたが，人間関係がうまく構築できず，中学校，高等学校と常にいじめられ孤立していました。また，不満が多く暴力的な性格でもありました。彼はこの長年のいじめと孤立に対する一種の報復として事件を起こしたと考えられています。彼は4月16日の朝，最初に2人の学生を寮の部屋で殺害し，その後，教室棟に移動し1時限目の授業が始まっていた教室に入りました。そして，はじめに教授を殺害した後，学生を壁際に立たせて順次射殺しました。その後，教室を移動し，同様に殺害を繰り返しました。彼は最後には，凶器のピストルで自殺しましたが，犯行直前にNBCテレビあてに犯行の動機などについて語ったビデオを投函しました。このビデオには自分に対して冷たくあたった人々に対する怒りが激しく表出されていました。

4.4.2　無差別大量殺傷事件の原因と行動パターンの共通性

　2001年に大阪で発生した大阪教育大学附属池田小学校大量殺傷事件や，2008年に発生した秋葉原における大量殺傷事件などの**無差別大量殺傷型**の事件は犯人の動機が理解困難で，社会的にも大きな不安を引き起こす犯罪です（**表4.6**参照）。しかし，多くの事件を分析してみると，それらの事件の共通性や犯人の動機が浮き彫りになってきます。越智（2008）は，これらの犯人の行動の共通点をリストアップしていますが，それを事件の流れに沿って再構成してみましょう。

1.　犯人の生活は期待通りにいっておらず，挫折や絶望の中にいる。とくに事件直前には，大きな絶望を体験している。

2.　この原因として，自分が悪いのでなく，別の何者かが悪いと考えている。この何者かは，特定の個人でなく，カテゴリーである。つまり，自分をいじめたりした特定の人間が原因であるというよりも，学校そのもの，会社そのもの，村そのもの，あるいはその人物が属する人種，職業や集団のメンバー全体が悪いと考える。カテゴリー全体が敵なのである。

3.　犯人は，もはや自分が生きている価値はないと思っており，自殺しようと思っている。しかし，自分を自殺に追い込む原因である敵（カテゴリー全体）もやっつけてから死なないと納得がいかないと思う。

4.　そのため，敵をできるだけ多く殺害してから自分も死のうと考える。

5.　敵を一人でも多く殺害するために効率的に殺傷を行えるような計画を練る。武器を選択し，入手する。武器はできるだけ強力なものを複数用意する，結果的に過剰な武装となる。

6.　犯行予告や犯行声明，遺書，日記などの形で，自分の行為を正当化するためのメッセージを用意する。場合によっては，このメッセージをインターネットなどで公開したり，他人に見せたりする。

7.　犯人は，事前に自分の愛している人，家族やペットなどを殺害してから犯行に臨むこともある。

8.　一度犯行が開始されると，対象となるカテゴリーのメンバーをできるだ

表4.4　フォックスとレビンの大量殺人の分類 (Fox & Levin, 2003)

復讐型 revenge	復讐型は恨みを持っている個人や集団を対象として大量殺傷を行うパターンである。ただし，この場合，直接的に恨みを持っている相手を殺傷するのみでなく，恨みを持っている人間と同一視しているメンバーも殺傷する場合がある。たとえば，妻を憎んでいた場合，その兄弟や子どもなども拡大した「妻」として殺傷する。
パワー型 power	自らの力を誇示する，あるいは抑圧され十分に発揮できなかった自己の力を一気に発揮する方法の一つとして大量殺傷を選ぶケースである。フォックスらは，コロンバイン高校の銃乱射事件をこの類型として分類している。
誠実型 loyalty	一家皆殺し，一家心中の形で起こることが多く，犯人が家族を何らかの不幸から救おうという動機（この思い込みは自分勝手なものであるのだが）で殺害するものである。
利益型 profit	強盗殺傷事件である。押し入った家や店に居合わせた人々を殺害して財物を奪うなどのケースである。
テロ型 terror	殺害を通して，多くの人に何らかの政治的，宗教的なメッセージを送るための手段として大量殺傷を犯す。

表4.5　越智・木戸による大量殺人犯人の典型的な行動パターンと属性
（越智・木戸，2011）

無差別大量殺傷型	犯人は日中，刃物を使用して，自分と面識のない人間を無差別に殺傷する。被害者は執拗に攻撃される。犯人は20代，中卒，無職かフリーター，派遣社員でリストラ，辞職などがきっかけの一つとなっている。
一家心中型	犯人は，夜間から午前中にかけて，自分と面識のある人間を殺傷する。犯人は逃走の準備はせず，犯行は衝動的である。逮捕される場合は事件当日に現場付辺で捕まる。自殺する可能性もある。犯人は40代から50代の自営業である。
凶悪犯罪型	犯人は，夕方から深夜12時にかけての時間帯に共犯とともに被害者を殺傷する。事件は計画的で犯人は逃走準備をしており逃走する。証拠も隠蔽する。犯人は30代で犯罪歴，離婚歴がある。

け多く殺害することを目的に行動する。カテゴリーに属していれば，老若男
女誰でもよいという行動をとる。

9．犯人は最終的には自殺するか，警官隊と無謀な撃ち合いをして死亡する。
凶器が刃物である場合には逮捕される場合もあるが，その場合には死刑にな
ることを望む。

10．犯行時，犯人は自分が誰であるかを隠そうとしない。覆面をしたり，防
犯カメラを避けたりはしない。むしろ，積極的に自分が誰であるかをアピー
ルする。犯人は基本的には逃走することを考えない。犯行後の人生に関する
計画を立てない。

4.5 テロリズム

4.5.1 テロリズムの定義と現状

　テロリズム（terrorism）は，一般大衆の恐怖心を引き起こすことによって，
特定の政治的な目的を達成するための手段として定義される暴力行為のこと
をさします。大量殺人が犯人のストレスや不満の直接的な表出という個人的
な犯罪であるのに対して，テロリズムは，行っていることは大量殺人とあま
り変わらないことが多いのですが，個人的動機というよりは何らかの「社会
的大義」が動機として存在しているのが特徴です。

　政治的なテロ行為は，正義を実現するために結果的には必要な行為であっ
たこともあります。たとえば，大国の支配や独裁政治を打ち倒すために行わ
れるテロリズムなどは歴史的には正義として語られる場合もあります。しか
し，テロ行為は，その実行にあたって無関係の人々が巻き込まれることも多
く，行為自体が犯罪であるのは間違いありません。

　テロ行為としては具体的には，大量殺人，爆破，銃の乱射，要人暗殺，人
質立てこもり，ハイジャック，誘拐，脅迫などのさまざまな方法がとられま
す。これらの行為を実行するのは，個人であることが多いのですが，その背
景にはその個人が属している**大義**を持った集団や組織があります。同じ集団

表 4.6 代表的な無差別大量殺傷事件

犯　　人	事件の概要
ジェームズ・ヒューバーティ James Huberty	1984 年，サンディエゴの飲食店で銃を乱射して，生後 8 カ月の乳児から 74 歳の老人まで 21 人を殺害した。
チャールズ・ホイットマン Charles Whitman	1966 年，テキサス大学の時計台に立てこもり，通行人をライフルで狙撃し，胎児を含む 17 人を殺害した。
ジブリー・ウォン Jiverly Antares Wong	2009 年，ニューヨーク州の移民支援センターで銃を乱射し，移民と職員合計 13 人を殺害した後自殺した。
アダム・ランザ Adam Lanza	2012 年 12 月，コネチカット州のサンディフック小学校に侵入し，教員と児童 26 人を殺害し自殺した。
ロベルト・シュタインハウザー Robert Steinhäuser	2002 年 4 月，ドイツのエアフルトにあるグーテンベルク中学校に侵入し，主に教員をターゲットにして 16 人を殺害し自殺した。
エリック・ハリス Eric Harris ディラン・クレボルド Dylan Klebold	1999 年，コロラド州コロンバイン高校で，2 人の在校生が銃を乱射，12 人の生徒および 1 人の教師を射殺して自殺した（コロンバイン高校銃乱射事件）。
ステファン・カズメルチェク Stephen Kazmierczak	2008 年，北イリノイ大学キャンパス内のホールで 27 歳の卒業生が銃を乱射し 5 人を殺害した後，自殺した（北イリノイ大学銃乱射事件）。
都井 睦雄	1938 年，岡山県の西加茂村でブローニング銃や刃物を用いて村民 30 人を殺害し，自殺した。
宅間 守	2001 年，大阪教育大学附属池田小学校に侵入し，刃物で 1〜2 年生の児童 8 人を殺害し，児童 13 人・教諭 2 人に傷害を負わせた。
加藤 智大	2008 年，秋葉原の歩行者天国に 2 トントラックでつっこみ通行人をはねた後で，ナイフで次々と通行人を刺し，7 人を殺害し 10 人に傷害を負わせた。

に属しているならば実行者が異なってもその動機や犯行パターンは類似したものになります。そのため，テロを理解するためには，実行者個人でなくその所属集団の思想を理解することが必要です。

4.5.2 政治テロリズム

政治テロリズムには大きく分けて2つの方向性があります。一つは**左翼テロ**，もう一つは**右翼テロ**です。

左翼集団はマルクス，レーニンやトロツキーなどの思想を基にして，社会主義，そして共産主義を実現するための組織です。左翼思想によれば，社会主義革命を起こすためには武装闘争が不可欠であるため，その闘争自体が暴力的なものにならざるをえません。日本の左翼集団は，三菱重工爆破事件（**コラム 4.8** 参照）や連続企業爆破事件，自民党本部放火事件などのテロを引き起こしましたが，一方で闘争方針の違いなどからさまざまなセクトに分裂し，互いのセクト構成員を殺し合う内ゲバ（同一党派または同一陣営などの内部での暴力を使用した抗争）なども引き起こしました。その結果，大衆や活動主体であった学生の支持を次第に失っていき，現在では，少数化・高齢化してきています。

右翼集団は，伝統文化を重視した国家を樹立するという思想を持つ組織です。日本の右翼テロの形態としては，クーデターのような暴力的な手段をとることによって右翼的な価値観の国家を樹立するというものが考えられます。かつてはそのようなテロリズムもありましたが，むしろ，近年の右翼テロは，左翼や左翼的ジャーナリズム，共産主義国家に対する実力行使を伴う反対行動という形をとることが多くなっています。

4.5.3 宗教テロリズム

政治テロリズムは現在でも世界中で発生していますが，今，大きな問題になっているのは，共産主義対資本主義などの政治的な思想を背景にしたものよりも宗教問題や民族問題がからんだ**宗教テロリズム**です。たとえば，イス

コラム 4.7　　誰がテロリストになるのか？

　テロリスト（terrorist）になるのは，貧しく迫害された人々であるというステレオタイプがありますが，実際には高い社会的地位を持ち，高学歴のものが多いことが知られています。これは自爆テロリストでも同様です。たとえば，クルーガーはパレスチナの自爆テロリストを一般の人々と比較していますが，貧困者の割合は低く，教育水準も高いということが示されました（Krueger, 2007；図4.3）。社会的不満については，その人の絶対的な生活レベルよりもその人が相対的に置かれている立場に依存しているという理論を**相対的剥奪理論**といいます。テロリストになる人も絶対的な貧困者ではなく，その社会で相対的に虐げられた階級の人々であると考えられます。

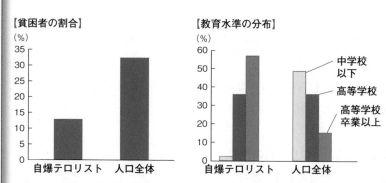

図4.3　**ヨルダン川西岸とガザ地区でのパレスチナ自爆テロリストとパレスチナ人一般との比較**（Krueger, 2007）
サンプルの大きさは自爆テロリストについては48，パレスチナ人一般については1万8,803。自爆テロリストはハマスとパレスチナ・イスラム聖戦機構（Palestinian Islamic Jihad）からのものです。

ラム原理主義過激派による 2001 年の 9.11 アメリカ同時多発テロなどがその
一例です。

　一方で，新興宗教によるテロリズムも存在します。わが国では 1995 年，
オウム真理教が地下鉄車内で化学兵器のサリンを散布して，乗客や駅員ら
13 人を殺害し，6,300 人以上を負傷させる大規模なテロ事件を起こしました。
また，新興宗教団体は大規模な集団自殺を行う場合があります。たとえば，
ジム・ジョーンズ（Jim Jones）という教祖が率いた人民寺院というアメリ
カの宗教団体は，1978 年，南米のガイアナで教祖を含む信者 900 人が集団
自殺しました。

　新興宗教では，教祖の影響力が非常に大きく，教祖が社会的に追いつめら
れた場合にテロリズムや集団自殺が引き起こされる場合が多いようです。オ
ウム真理教に関しては，教団への警察の大規模な捜索が予定されており，教
祖に警察の手が及ぶ直前に事件が発生しました。また，人民寺院事件ではガ
イアナの教団を訪れた国会議員を含むアメリカの視察団に，信者に対する虐
待が知られてしまい，その視察団を殺してしまった直後に事件が起こりまし
た。このようなことから，新興宗教によるテロリズムは，その事件によって
社会変革を成し遂げようとか，政治的なメッセージを送ろうというものであ
るよりむしろ，教祖の個人的な動機に基づく犯罪に近いものが多いのではな
いかと考えられます。

4.5.4　最近のテロリズムの特徴

　最近のテロの特徴を 3 つあげておきます。

　1 つめは，テロの形が，右翼テロや左翼テロのような政治体制，社会体制
全体の変革を行おうとするものから，単一の論点に絞った形のテロリズムに
変わってきているということです。たとえば，銃規制反対，中絶反対，反グ
ローバリズム，環境保護などを目的とするものです。近年，話題になってい
るものとしては，過激な捕鯨反対活動を行っているシーシェパードによるテ
ロリズムがあります（浜野，2009）。このような環境保護を目的としたテロ

コラム 4.8　テロ事件のケース——三菱重工爆破事件

　1974 年 8 月 30 日午後 0 時 25 分頃，東京丸の内の三菱重工本社ビルの 1 階に仕掛けられた爆弾が爆発し，通行人など 8 人が死亡し，376 人が負傷しました。この事件の犯人グループは左翼グループの東アジア反日武装戦線「狼」に属するテロリストたちでした。三菱重工は，日本を支えてきた大手の重工業メーカーですが，彼らにとっては日本の侵略戦争である太平洋戦争，そして戦後のアジアへの経済的侵略の片棒を担ぐ敵であったのです。この爆破事件で使われた火薬は，ダイナマイト 700 本以上の破壊力を持つものでしたが，そもそもは同グループが昭和天皇を暗殺するために用意したものであったといわれています。犯人グループはその後検挙されましたが，そのうちの 2 名は別の左翼集団である日本赤軍によるクアラルンプール事件とダッカ日航機ハイジャック事件によって超法規的措置で釈放され，海外逃亡しました。この事件は，オウム真理教による地下鉄サリン事件が発生するまで，戦後の日本で発生した最悪の無差別テロ事件でした。

コラム 4.9　テロ事件のケース——浅沼社会党委員長殺害事件

　1960 年 10 月 12 日，日比谷公会堂で行われていた「三党首立会演説会」で，演説中の浅沼稲次郎社会党委員長が，突如壇上に駆け上がってきた少年に刺され死亡しました。浅沼委員長は庶民に大変人気のある社会主義者の政治家でした。犯人は，山口二矢という少年で，彼は大日本愛国党という右翼組織に直前まで属していました。彼は，当時の社会情勢から日本は社会主義革命前夜にあり，今すぐ何か行動を起こさなければ日本も共産化してしまうと考えていたのです。そして，これを防ぐためには日本の大衆を扇動し左翼思想をまき散らしている左翼政治家を殺害しなければならないと思いつめ，浅沼委員長を暗殺しようと考えたのです。犯行後，彼は，逮捕されましたが，東京少年鑑別所内で独房の壁に「七生報国　天皇陛下万歳」（七生報国とは，たとえ死んでも 7 度生き返って国のために報いること。太平洋戦争時に用いられた右翼的な価値観と決意を表すことば）と書き記し，首をつって自殺しました。

リズムを**エコ・テロリズム**といいます。

　2つめとして，テロリズムの個人化という現象があります。従来のテロリストは，既成の団体に属していることが多かったのですが，どの団体にも属していない個人がインターネットや各種メディアの影響を受けて過激化し，個人でテロを起こす場合も増えています。このようなタイプのテロリストを**ローンアクター**（lone actor）**型**，あるいは**ローンウルフ**（lone wolf）**型テロリスト**といいます。このタイプは，出現の予測が困難で捜査も難しいため，大きな問題となっています。この中でとくに海外からインターネットを通じて洗脳され自分の育ってきた国の国内で宗教テロを行うタイプの犯人を**ホームグロウン**（homegrown）**テロリスト**といいます。

　最後に，インターネットの役割が重要になってきているということがあげられます。多くのテロ団体が，自分の主張を展開したり，新人をリクルートするため，あるいは，人質の殺害場面をネット中継したり，自分たちの運動に反対している人物を中傷するためにネットを利用しています。また，自分たちの敵視する人物の個人名や住所をネットで公開する行動なども新種のテロ攻撃の一種といえます。アメリカの反中絶テロでは，中絶手術をしている産科医の個人の住所がネットで公開され，それを見た別の犯人が産科医を攻撃するという事例も起きています。

コラム4.10	ローンアクター型テロリスト ——ティモシー・マクベイ

　ティモシー・マクベイ（Timothy McVeigh）は，1995年4月19日にオクラホマシティの連邦政府ビルを爆破して，ビルを崩壊させ，168人を殺害し，850人以上を負傷させた犯人です。この爆破事件が発生した直後，アメリカの司法当局は，これほど大規模な爆破事件を引き起こすことができるのは組織化されたテロリスト集団に違いないと考え，イスラム原理主義過激派やネオナチなどの組織に対して徹底的な捜査を行いました。しかし，実際にはこの事件はテロ組織による犯行ではなく，マクベイが個人で行ったものでした（ただし従属的立場の共犯が1人いました）。彼は，湾岸戦争で勲章を受けた元軍人で，政府の銃規制政策に反対していました。そして，当時のクリントン政権が銃を持つ自由を含め，人々の自由を奪っているとして勝手に憤り，抗議のために個人でテロを行ったのです。

参考図書

ホームズ, R. M.・ホームズ, S. T. 影山 任佐 (訳) (1997). プロファイリング
——犯罪心理分析入門—— 日本評論社
　凶悪犯罪のプロファイリングについてわかりやすく紹介しています。
クラーエ, B. 秦 一士・湯川 進太郎 (編訳) (2004). 攻撃の心理学 北大路書房
　攻撃行動の原因とそのメカニズムについて，比較的新しい研究まで詳しくわかり
やすく紹介しています。

キーワード

殺人，傷害，暴力犯罪，抑制欠如型，抑制過剰型，連続殺人，冷却期間，FBI，秩
序型，無秩序型，プロファイリング，幻覚型，使命型，快楽型，パワー・コントロ
ール型，黒い未亡人型，死の天使型，大量殺人，無差別大量殺傷型，テロリズム，
大義，政治テロリズム，左翼テロ，右翼テロ，左翼集団，右翼集団，テロリスト，
相対的剥奪理論，宗教テロリズム，ローンアクター型テロリスト，ローンウルフ型
テロリスト，ホームグロウンテロリスト

予習問題

• 国内外における著名な殺人事件を2つあげ，その経過，動機，原因，予防策など
について分析して下さい。
• テロリズムに関係した事件を1つあげ，その経過，原因などについて分析して下
さい。

第 **5** 章

性 犯 罪

　レイプや不同意わいせつなどの性犯罪は，魂の殺人といわれることもあるように，被害者の心に傷を残す重大な犯罪です。しかし，問題が性に関するものであるだけに，この種の事件は発生しても警察に届けられなかったりして，明るみにならないことも多く，その実態やメカニズムについては，最近まであまりわかっていませんでした。われわれは，このような犯罪にも目をそむけず，事実をしっかりと見つめて対策をしていかなければなりません。

5.1 レイプ（不同意性交）

5.1.1 レイプの定義と現状

　レイプは同意なしに性交を行う犯罪です。また，不同意わいせつは性交に至らないわいせつ行為を同意なしに行う犯罪です。いずれも保護法益は個人の性的自由です。犯罪白書によれば，日本では，毎年1,500件程度のレイプ事件が報告されていますが，これは実際に発生している数のごく一部でしかないと考えられています。レイプは，以前は強姦罪といわれ，その被害者は女性のみでしたが，現在では男女とも被害者となりうるという形に法改正されました。レイプには大きく分けて，知人間レイプとストレンジャー・レイプがあります。

5.1.2 知人間レイプ

　知人間レイプは，友人間，先輩後輩，会社の同僚，恋人の間などで行われる不同意な性交です。このタイプのレイプは警察に被害として届けられないことが多く，公的な統計からその実態を把握することは困難です（犯罪統計などに認知されていない数を暗数といいます）。そこで，実際にどの程度，この種の犯罪が行われているのかを調べるためには，被害者調査が役に立ちます。これは，一般の大学生や地域の住民を対象に「そのような被害にあったことがありますか」といった質問をするという方法です。被害者調査の結果を見ると，対象女性の3～8％程度がこのような被害を報告することがあり（田口ら，2010），じつは身近で数も多い犯罪なのです。また，とくに，恋人間，夫婦間においては「交際したからには，あるいは結婚したからには，性行為を強要されても当然だし，女性はそれを受忍しなければならない」と考えるものもおり，そこでの不同意な性行為に関してはごく最近までそもそも犯罪だとは認識されていませんでした。最近では「夫婦間レイプ」という言葉が存在しますが，以前は夫婦間でレイプが存在するという発想自体がなかったのです。

コラム 5.1　　人はなぜ性犯罪者になるのか

　藤岡（2008）は，人が性犯罪者になる場合の4つの要因についてあげています。それは，衝動統制の困難などの「脆弱性」，親のうつ病，薬物乱用，放任などの「家族の逆境」，虐待，家庭内暴力，いじめなどの「強制のモデリング」，そして，ポルノや性的虐待などの「性行動のモデリング」です。これらのうちの1つの要因だけでは性犯罪は引き起こされませんが，すべての要因が満たされたとき，性犯罪を引き起こすリスクは最大になるといいます。また，性的問題行動の発現時期については，子どもを被害者にする場合は，早ければ前思春期である9〜10歳頃，成人を被害者にする場合は早くて15〜16歳だということがわかっています。性犯罪は衝動的な犯罪と思われていますが，実際には計画的なものが多く，彼らは意識して性犯罪についてのイマジネーションを高め，自らの行動をコントロールできている状態で犯行に及びます。

コラム 5.2　　性的とらわれの強さと性犯罪

　性犯罪者の心理状態を査定してみると，そこに異常なほどの性的なとらわれが見られることが少なくありません（Kafka, 2003）。もちろん，性犯罪などを引き起こさない普通の男性であっても，性行為についての興味は持ちますが，それは移ろいやすく強度もそれほど強くありません。けれども，性犯罪者は痴漢やのぞき，レイプや子どもとの性行動などの逸脱的な性的関心にとらわれており，性的な活動にかける労力や時間，費用なども非常に多いことが指摘されています。たとえば，一日中ターゲットを物色して歩き回っていたり，一日中，ポルノや出会い系サイトを見たりしていることがあるのです。犯行前は性的な空想計画で頭がいっぱいであることも少なくありません。中には，家族とともに行動していてもずっと性犯罪をすることを考えていて，家族の目が離れたわずか10分の空白の時間に性犯罪を行ったというケースも存在します（奥田, 2019）。

5.1.3 ストレンジャー・レイプ

ストレンジャー・レイプは，被害者と面識のない人物による同意なき性交事件です。通行中，ナイフなどの凶器を使って脅し，車や空き地などに連れ込んでレイプするケース，女性の帰宅時を狙って後をつけ，強引に部屋に侵入してレイプするケース，夜間，女性の部屋に侵入してレイプするケースなどがあります。また，何人かの犯人が1人または数人の被害者を集団でレイプする事件もあります。

ストレンジャー・レイプは，知人間レイプよりは警察に通報される率は高いものの，実際には相当の暗数が存在するといわれています。被害者には大きな心の傷が残る凶悪な犯罪です。

5.1.4 ナイトとプレンツキーによるレイプ犯人の分類

ナイトとプレンツキーは，レイプ犯人を次の4つのタイプに分類しています（Knight & Prentky, 1987）。

1. 怒り報復型

このタイプのレイプ犯人は，自分の人生において女性から受けたと彼が考えている不正や侮辱に対して復讐するためにレイプを行います。ある特定の女性から侮辱されたからその相手をレイプするというのではなく，女性という抽象的なカテゴリー全体に対する復讐のために適当な女性をレイプするのです。レイプ行為は性的というよりも暴力的な行為であり，被害者に怪我を負わせる場合も少なくありません。犯人は，突発的，衝動的，暴力的に行動します。また，犯人の多くは，体育会系で筋肉質，既婚者です。

2. 搾 取 型

このタイプのレイプ犯人は，男性優位的な思想を持っており，女性は男性に屈服すべきであるし，男性が女性を暴力的に支配するのは当然だと考えています。レイプするのはそのような考えを実地に移しているだけであり，自己中心的で利己的な考えに基づいています。また，被害者に対して自分の正体を隠そうとはしません。

コラム 5.3　痴　漢

　わが国で問題にされることの多い性犯罪として**痴漢**があります。痴漢という言葉の意味する範囲は広く，道路などにおける性器の露出や不同意わいせつ行為も痴漢とよばれることがありますが，狭義では，電車やバスなどの公共交通機関内において，胸，尻や性器などに服や下着の上から，あるいは直接触れる行為を行ったり，精液をかけるなどの行為をする犯罪をさします。通常，都道府県の迷惑防止条例の規定により取り締まられますが，犯行が悪質な場合には刑法の不同意わいせつ罪で検挙されます。わが国における痴漢の被害率はきわめて高く，とくに大都市圏の女子中高生で被害率が高くなっています。痴漢の中には通常の性行動でなく，痴漢行為そのものが性欲の目的になっているもの，何もいえない女性に対して性的な行動を行うことによって相手を支配することを楽しんだり，それによって性欲を満足させるもの，一時的な好奇心から犯罪に及んでしまうものなどさまざまなタイプがいます。ただし，それぞれのタイプの構成比などはわかっていません。痴漢は，再犯率が高いことや常習者の存在も指摘されていますが，これに関しても，実際，どの程度常習性のある犯罪なのかは明らかになっていません。

　この犯罪は，通勤ラッシュの少ない諸外国ではほとんど問題にされないので，通勤ラッシュという現象が一つの重要な環境誘因になっている可能性があります。痴漢は，各種条例や不同意わいせつ罪などによって取り締まられる犯罪ですが，犯行を客観的に証明することが難しいところが問題です。犯人の中には，検挙されたり，起訴されることが少ないことを知って犯行を繰り返すものもいます。このような状況を踏まえ，1996年頃から警察は痴漢犯罪に対する検挙を積極化しましたが，その結果，痴漢冤罪という新たな問題が生じてしまっています。

3. 補 償 型

　このタイプのレイプ犯人は，社会的に有能でなく自尊心も低く，不全感に悩んでいます。ポルノを嗜好し，のぞきや露出などのさまざまな性的嗜好を持っている場合も多いことが知られています。彼らがレイプするのは性的な動機によるところが最も大きいのですが，同時に，一時的にでも女性を支配することによって自分の有能さを確認しようとすることも動機になっています。恋人や配偶者はおらず，同居している場合は両親と暮らしています。犯人はレイプの途中で女性のことを気にかけており，暴力はあまりふるいません。被害者がレイプされるのを楽しんでいると誤解していることがあり，再び，被害者宅を訪れたりします。

4. サディスティック型

　このタイプのレイプ犯人は，自分のサディスティックな性欲を満たすために自分の好みの女性をつけ狙い，襲撃し，手錠や猿ぐつわ，足かせなどを使用し，拘束して暴力的にレイプします。被害者を傷つけることで自分の性欲を満たすので，最悪の場合には相手を殺害してしまうこともあります。最も危険なタイプであり，連続殺人者となる場合もあります。

5.1.5 レイプは暴力犯罪である

　ナイトらの分類を見ると，性交をすることが主な動機になっているのは補償型のみであり，他のタイプは性的な動機よりも暴力的な動機のほうが表面に出ているように思われます。レイプ犯罪は長い間，**性欲主導の行為**だと考えられていました。つまり，「性欲がたまり」それが引き金になってレイプ行為に及ぶという道筋です。しかし，上記の分類を見てみるとレイプの多くはむしろ**暴力犯罪**の一つの類型のように思われます。グロス（Groth, 1979）は，「レイプは性犯罪でなく暴力犯罪である」と明確に述べています。ただし，日本においては，暴力的なレイプ事件も確かに存在しますが，若年層が犯人の場合を中心に性的な動機がもっと表面に出ているものが現実には多く，この点，アメリカのレイプ犯人とは傾向が異なっている可能性があります。

コラム 5.4 　性非行少年の分類

　性犯罪者の中には少年が多く含まれています。このような少年に対して矯正教育を行っていくためには，彼らの動機や行動パターンを理解していくことが必要になります。そこで，大江ら（2008）は，性非行の再犯リスクを査定するために開発された尺度である J–SOAP–Ⅱを使用して，被害者に直接接触するタイプの性犯罪を犯した少年 115 名を分析し，表 5.1 のような 3 つのタイプに分類しました。

表 5.1 　**性非行少年の 3 つのタイプ**（大江ら，2008）

	犯行特徴と少年の属性
反社会的・衝動的群	非行性が進んでおり，性非行よりも性非行以外の再犯を行う危険性が大きい。多種多様な非行を行う中で，レイプなどの非行も行う。犯人は外向的，衝動的で認知のゆがみが大きい。他者と円滑な人間関係を築く能力はあるが，社会適応力や社会資源に乏しい故に学業や仕事を続けられないことが多い。
非社会的・性固執群	一貫して性的逸脱行動を反復する傾向があり，性非行の再犯の可能性が高い。神経質で内向的であるが，自己顕示的でもあり，物事をゆがんで捉え不満を募らせやすい。学業や仕事などは表面的な社会的枠組みには従うが，家族や友人との関係はうまくいかず，社会適応に問題がある。
一過的/潜伏群	他の群に比べて，人格的に大きな偏りはなく，社会的サポートに恵まれている。非行性も性非行への固執も見られない。性非行の発現には，状況的な要因も大きいと思われる。

5.1.6 露 出 犯

　露出犯は，日本では最も多い性犯罪です。犯人はほとんどすべてが男性であり，その形態としては被害者が1人，あるいは数人の状態のときに男性器を露出させ，相手がショックを受けたり，動揺することを見て楽しむというものです（表5.2）。行為としては性犯罪なのですが，性的な動機づけとともにパワー（自己顕示，自分の存在によって人に影響を与えることを目的とする）に対する動機も持っている犯罪と考えられています。露出犯の被害率はきわめて高く，内山ら（1998）は高校生，大学生ではその45.3％がそれまでの人生において露出犯に遭遇しているという調査結果を報告しています。ただし，その中で，警察などに被害を届け出たものはわずか5％程度しかいませんでした。つまり，発生した事件の大半は，暗数になっていると思われます。犯人の行動は被害日時や被害者選択においてある程度パターン化していて，同様の手口で再犯することが多いこともわかりました。

5.1.7 レイプ神話

　レイプ神話（rape myths）とは「女性は潜在的にレイプを望んでいる」「レイプされても女性は性的な快感を味わう」「レイプされるような女性は男性を挑発するような服装や行動をしたのだからある程度は責任がある」などといったレイプに関する誤った信念のことをさします（表5.3参照）。多くの性犯罪者がレイプ神話的な信念を持っており，それが性犯罪と関連しているということが示されています（Malamuth, 1981）。

　ポルノは，男性文化の中で作られたものであり，その中にはレイプされた被害者がむしろそれを喜ぶといったレイプ神話を肯定，助長するようなものが少なくありません。リンツらは，このような暴力的ポルノメディアを見ることによって，視聴者がレイプ神話などの女性蔑視的な態度を形成・強化してしまい，結果として性犯罪につながる可能性があると述べています（Linz et al., 1989）。

表 5.2 **日本における露出犯罪の加害者・被害者の基本的な属性**

犯行状況			加害者		
犯行時間	日中	66	犯人年齢	～19 歳	3
	夜間	34		～29 歳	21
犯行場所	路上	40		～39 歳	28
	公共施設	22		～49 歳	23
	駐車場	15		～59 歳	15
	交通機関内	11		～69 歳	8
	公園等	7		70 歳以上	3
	住宅地	5	学歴	中卒	26
被害者				高卒	50
被害者	女性	75		大卒	23
	男性	10	職業	無職	30
被害者年齢	～9 歳	2		有職	70
	～19 歳	30	婚姻	既婚	30
	～29 歳	34		既婚こどもあり	2
	～39 歳	16	前科	あり	51
	～49 歳	8		なし	49
	～59 歳	7		(数値は%)	
	～69 歳	2			
	70 歳以上	1			

横田ら（2014）が，2007 年 10 月から 2008 年 5 月の間に露出行為で検挙された
415 人のケースを対象にしてその犯行状況と属性についての集計を行ったもの。

5.1.8 レイプ犯罪に関する偏見とセカンド・レイプ

　レイプ神話が世間に行きわたっているために，レイプは，しばしば，「むしろ，女性に非がある」ものとして扱われてきました。この傾向は知人間レイプでとくに顕著ですが，実際にはストレンジャー・レイプにおいても見られます。加害者自身，裁判などで「誘ったのは向こうだ」「嫌なら抵抗すればよいのに抵抗しなかったほうが悪い」などという抗弁を行うことも多いですし，警察官でさえ，「そんなミニスカートで歩いているほうが悪い」といって被害者の女性を責めることが多かったのです。最近でもそのような傾向は完全になくなったわけではありません。

　また，被害に遭った女性は自分の性被害について，警察官や検察官に対し，裁判などで何度も説明しなくてはなりませんし，裁判では弁護士から反対尋問を受けなければなりません。これ自体が一種の辱めであり，犯罪被害自体よりもこのような手続きによって心に傷を負ってしまうこともあります。これをセカンド・レイプ（second rape）といいます。レイプ犯罪は以前は親告罪であり，被害者が告訴しなければ犯罪とならなかったのですが，被害者と加害者が会社の上司部下や，同級生，親戚などの場合には告訴しにくかったり，告訴を阻止するために加害者が脅迫などを行うことも少なくなかったので，平成 29 年に非親告罪となりました。

5.2　子どもに対する性犯罪

5.2.1　子どもに対する性犯罪の定義と現状

　子どもはじつはさまざまな犯罪の被害者になりますが，その中でも性犯罪の被害者になることが比較的多いことが知られています。最も多いのはいわゆる露出犯による性器の露出です。また，身体を触られたり，服を脱がされたりする不同意わいせつ，性交までされてしまうレイプ（不同意性交），その他各種の風俗犯罪や青少年育成に関する各種条例違反などの被害者となります。また，いわゆる連れ回し事件や監禁事件も，犯人と被害者間にあらかじめ面

表5.3　**レイプ神話**（大渕ら，1985；湯川・泊，1999）

【性的欲求不満】
男性は女性に比べてはるかに強い押さえがたい性的欲求を持っているから，レイプは
やむを得ないことである。

【衝 動 行 為】
レイプは一時の激情によるものだから，厳しくとがめるべきではない。

【女性の性的挑発】
女性の性的魅力に圧倒されてレイプに走ったのだから，女性の性的挑発も原因の一部
である。
電車内で混み合った場所にたつ女性は，痴漢をされてもしょうがない。

【暴力的性の容認】
女性は無意識のうちに強姦されることを願望している。
荒々しく扱われることは，多くの女性にとって性的な刺激となる。

【女性の被強姦願望】
女性は男性から暴力的に扱われることで性的満足を得るものである。
健康な女性が本気で抵抗すれば強姦されるはずはない。

【ね つ 造】
レイプ事件の中には，女性が都合の悪いことを隠したり，男性にうらみを晴らすため
にねつ造したものが多い。

【罪意識の希薄さ】
女性の体に触るのはあいさつがわりだ。

【女性の性的欲求に関する誤認】
繁華街で一人歩きをしている女性は，ほぼ間違いなく男性に誘惑されるのを待ってい
る。

識がない場合にはそのほとんど（80％以上90％近く）が性的な犯罪目的で
あることが知られており（渡邉，2004），性犯罪の一種としてとらえるべき
だと思われます。

5.2.2　子どもに対する性犯罪の被害者と被害場所

　子どもに対する性犯罪は，警察に届けられなかったり，そもそも，被害に
遭った子どもがその行為を犯罪として認識できないことがあるために，レイ
プ事件と同様，暗数がきわめて多く，実際にどの程度の犯罪が発生している
のかを把握することはなかなか困難です。

　被害者は，女児である場合が多いのですが，男児も被害者となることがあ
ります。男児の被害に関しては，女児よりも暗数化しやすいと思われるため
に，実際の男女の被害比率の推定は困難ですが，およそ20％程度だという
指摘もあります。犯罪の発生時間は，全体の60〜70％が午後3時から午後6
時の下校時間帯で，習い事の行き帰り，友人との遊びの時間帯に，マンショ
ン（中高層住宅），公園，道路上で発生します（渡邉，2004；渡邉・田村，
1998a, b）。なお，日本の場合，電車などの公共交通機関内での不同意わいせ
つ行為，いわゆる痴漢がきわめて多く発生しています（コラム5.3参照）。

5.2.3　子どもに対する性犯罪者の属性

　まず，子どもに対する性犯罪者は特殊なケースや男性犯との共犯の場合を
除けば，そのほとんどが男性です。子どもに対する性犯罪者の一般的なイメ
ージとしてあげられることが多いのは，**ダーティオールドマン**，つまり汚い
身なりの年老いた男性です。ところが，実際には，このようなイメージは少
し異なっていることがわかっています。法務総合研究所は平成20年7月〜
平成21年6月までに懲役刑が確定した小児レイプ犯と小児わいせつ犯185
人を分析しています。その結果，年齢については小児レイプ犯の70％，小
児わいせつ犯の55％が30代以下の犯人によるものでした（図5.1，図5.2）。
また，そのうちの60％以上は有職者か学生で，無職者は少なく，約70％が

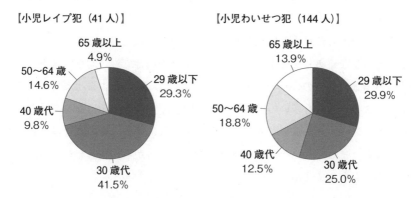

図 5.1　**子どもに対する性犯罪者の年齢分布**（法務総合研究所，2016）

ただし，この統計は懲役刑になったもののみを対象にしており，少年で保護処分に
なったものは含まれていません。そのため，実際は29歳以下の加害者はこれよりも
多いと思われます。

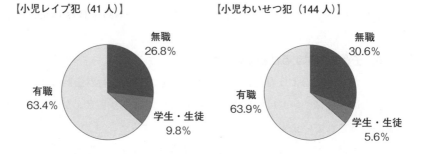

図 5.2　**子どもに対する性犯罪者の職業状況**（法務総合研究所，2016）

親や配偶者と同居していることがわかっています。配偶者がいる犯人が多いということは，この犯罪がよくいわれるように「同年代の女性と正常な関係が持てないことに起因する代償的な行為」の形で生じるだけのものではないことを示しています。

　また，子どもに対する性犯罪者は精神に問題を抱えているのだ，といわれることも少なくありませんが，年少者レイプの場合でも，幼小児誘拐・わいせつの場合でもそのような犯人は少なく，1割に満たないことがわかっています。このうち最も多いのは知的な発達障害や，最近話題になることが多いものでアスペルガー障害がありますが，いずれにせよ，その割合は大きいものではありませんし，それらの障害を持っているから性犯罪を行うのだ，ということもありません。

5.2.4　子どもに対する性犯罪者とレイプ神話

　レイプ犯人と同様に，子どもに対する性犯罪者も一種のレイプ神話的信念を内在化していることが多く，「子どももセックスをしたがっている」「性教育の一環としてセックスを教えてやることは必要だ」などの誤った認知を持つとともに，犯してしまった自分の行為を正当化するためにそのような信念を使用していることも多いことが指摘されています（Hall & Hirshman, 1992）。

5.2.5　子どもに対する性犯罪の原因

　では，なぜ，このような犯人は子どもに対して性的な行為を行うのでしょうか。この問題については解明されているわけではありませんが，いくつかの説が提案されています。

　第1の説は，何らかの生物学的な異常が存在するという考えです。子どもに対する性犯罪者の中には（すべてがそうではないのですが），きわめて治療や矯正が難しく，再犯を行いやすいものがいます。また，そのような人の中には子どもに対してのみ特異な性的嗜好を持っている人もいます。このようなことから，一部の犯人には子どもを性行為の対象とする何らかの生物学

コラム 5.5　子どもの誘拐と性犯罪

　エリクソンとフレンドシップは，子どもに対する誘拐事件を表 5.4 の 4 つのタイプに分類しています（Erikson & Friendship, 2002）。このうち，イギリスでは約 60％が「性的目的の誘拐」です。また，このタイプの犯人が（その他を除く 3 つのタイプの中では）最も性犯罪，暴力犯罪の前科が多いこともわかっています。日本においても誘拐事件の中では，性的目的のものが最も多いと指摘されています。これに対して，アメリカでは「家族による子どもの奪取」タイプの誘拐が多いことが報告されています（Boudreaux et al., 2000）。ただし，これは離婚率の高さや家族法制の違いが反映されていると思われます。日本では，「家族による子どもの奪取」が起きてもそれは誘拐として取り扱われない場合が多いので，統計にはほとんど現れてきません。

表 5.4　**子どもの誘拐の 4 つのタイプ** (Erikson & Friendship, 2002)

タ　イ　プ	特　　徴
性的目的の誘拐 sexual	性的な目的で血のつながりのない子どもを誘拐するもの。
母性欲求による誘拐 maternal desire	子育てなどの母親的な役割を担いたいということが動機になって，血のつながりのない子どもを誘拐するもの。犯人は最も年齢が若く，被害児童も乳児など年齢が低い場合が多い。
家族による子どもの奪取 custody of child	離婚などによって離れさせられた子どもを奪取するタイプの誘拐。犯人は父親が多い。被害者に性的被害，暴力的被害はない。
その他のタイプ other	盗んだ車に子どもが乗っていた場合や宗教的な家族間トラブルによる子どもの連れ去りなど，分類困難なさまざまな理由による誘拐。

的な基礎を持っている可能性があるのではないかと考えられています。しかし，そのメカニズムはよくわかっていません。

　第2の説は，子どもを対象とした性欲が学習によって習得されたというものです。発達の過程で性欲が子どもの刺激と結びつき（この原因は幼児期に遊びなどを通してたまたま性的な感覚を抱いてしまったことに起源を持つ），これがマスターベーションなどを通じて，維持強化され，子どもに対して恒常的な性欲が形成されてしまったというものです。

　第3の説は，自分の劣等感や未熟さの補償として子どもを使用するという考えです。犯人は必ずしも子どもに対してしか性欲が生じないという異常性欲者ではなく，基本的には成人女性を対象とした性欲を持っています。しかし，成人女性とは正常な関係を維持することができないために，その代償として子どもとの間で性的な関係を形成しようとするというものです。また，能力的に劣っている幼児を対象にして支配力を行使し，自らの劣等感を補償している場合もあります。

5.2.6　子どもに対する性犯罪者の再犯

　レイプ犯人や子どもに対する性犯罪者には再犯が多いと指摘される場合があります。しかし，一般には他の犯罪と同様に検挙されたものの多くは，再犯をせず，更生が成功しています。ただし，性犯罪のタイプにより再犯率も再犯のパターンも大きく異なっていることがわかっています。とくに性犯罪の再犯率に限ってみれば，集団レイプタイプの犯人は少なく，子どもを対象にしたレイプ犯人，不同意わいせつ犯で再犯率は高くなっています（図5.3）。

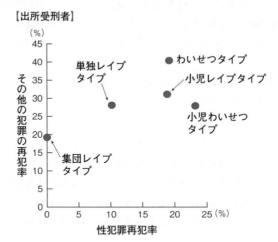

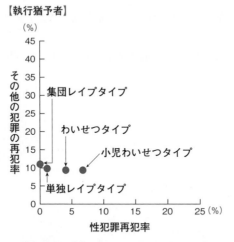

図5.3 **性犯罪者の再犯パターン**（平成18年版「犯罪白書」より）
法務総合研究所は，性犯罪のタイプごとにその再犯傾向を集計しています。横軸は性
犯罪の再犯率を，縦軸は性犯罪以外の再犯率を示しています。また上の図は刑務所な
どに収監された犯人のデータ，下の図は執行猶予の犯人のデータです。これを見ると，
子どもを対象とした性犯罪者に同種の再犯が多いことがわかります。

参 考 図 書

田口 真二・平 伸二・池田 稔・桐生 正幸（編著）（2010）．性犯罪の行動科学──
　　発生と再発の抑止に向けた学際的アプローチ──　北大路書房
　日本の性犯罪研究の現在の到達点を示す専門書です。専門的ですが最先端の知識
が得られます。

藤岡 淳子（2006）．性暴力の理解と治療教育　誠信書房
　性犯罪の原因理論から治療まで，ていねいに論じられています。

キーワード

レイプ（不同意性交），性行為，性交，知人間レイプ，暗数，ストレンジャー・レ
イプ，怒り報復型，搾取型，補償型，サディスティック型，反社会的・衝動的群，
非社会的・性固執群，一過的/潜伏群，痴漢，性欲主導の行為，暴力犯罪，露出犯，
レイプ神話，セカンド・レイプ，子ども，ダーティオールドマン，再犯

予 習 問 題

• 性犯罪にはどのようなタイプのものがあり，それはどのような法律で取り締まら
　れているか調べて下さい。
• 性犯罪の被害者の手記などを読み，性犯罪が被害者に与える心理的な影響につい
　て考察して下さい。

第6章

ドメスティック・
バイオレンス,
ストーキング, 虐待

　　われわれの人生において, 恋人や配偶者, 両親
や子どもとの関係はとても重要であり, 人生の喜
びを見出させてくれるものでもあります。しかし,
その関係は時に, 人々に苦悩を与えるものに変わ
ってしまうことがあります。具体的にはドメステ
ィック・バイオレンス (DV), ストーキング, 虐
待などです。本章ではこれらの現象について検討
していくことにします。

6.1 ドメスティック・バイオレンス（DV）

6.1.1 ドメスティック・バイオレンスの定義と現状

　ドメスティック・バイオレンス（DV；Domestic Violence）とは，配偶者や内縁関係者間で起こる暴力行為，ハラスメント行為のことです。恋人間における同様な行為は，デート・バイオレンス（dating violence）とよばれます。ドメスティック・バイオレンスには，殴る蹴るなどの身体的暴力のほかに，性行為の強要（レイプ），避妊の拒否，中絶の強要・拒否，などの性的虐待，暴言や恫喝，脅迫，無視などの心理的虐待，ストーキング，服装・髪型などの強要，異常な嫉妬などの支配・監視系虐待，生活費をわたさない，給料をすべて搾取するといった経済的虐待などがあります。

　加害者は男性で，被害者は女性であることが多いと思われていますが，女性が加害者になるケースも少なくありません（図6.1）。ただし，男性が被害者になる場合は，暗数になることが多く，被害の実数を把握することは容易ではありません（図6.2）。

　ドメスティック・バイオレンスを取り締まる法律としては，2001年に施行された「配偶者からの暴力の防止及び被害者の保護に関する法律」があります。これは，おもに配偶者からの暴力的な虐待（身体に対する不法な攻撃であって，生命または身体に危害を及ぼすものと規定されています）を対象として，接近禁止や退去命令が出せるようになっています。ただしこの法律は，デート・バイオレンスには適用されないのが現状です。

6.1.2 ドメスティック・バイオレンスの原因と分類

　ドメスティック・バイオレンスの原因は1つではありませんし，加害者の行動もワンパターンではありません。そのため，その原因を明らかにするためには，まず最初にドメスティック・バイオレンスをいくつかのタイプに分けて検討してみることが必要です。ここでは越智（2013）によるDV加害者の4分類を紹介しましょう。

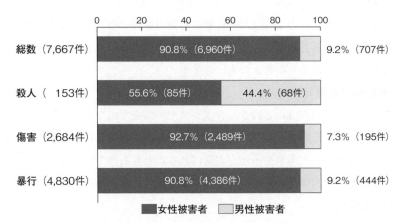

図 6.1　配偶者間（内縁を含む）における犯罪の性別被害者の割合（平成 30 年・検挙件数）
　　　（警察庁調べ）

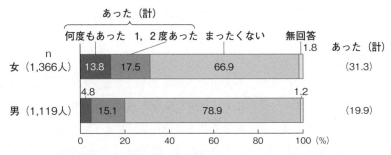

図 6.2　**配偶者間における暴力等の被害頻度**（平成 30 年度内閣府男女共同参画局
　　　　　配偶者からの暴力等に関するデータ）
配偶者（事実婚や別居中の夫婦，元配偶者も含む）から「身体的暴行」「心理的攻
撃」「経済的圧迫」「性的強要」のいずれかを 1 つでも受けたことがあると答えた割合。

1. 男性優位思想型

　このタイプは全員が男性です。彼らは，「男性は女性よりも優れているので，女性を暴力的に支配するのは当然であり，女性はそれを受忍すべきだ」と考えています。このような思想が暴力行為の原因となっています。彼らは普段から乱暴で暴力的です。少し古くさい考えのように思われますが，現実にはまだまだこのような考えの人はいます。

2. 補償的暴力型

　このタイプの加害者は普段からストレスや不満をためやすいという特徴を持っています。そのストレスのはけ口として身近な弱者を選びます。配偶者や恋人だけでなく，両親や子どもが選ばれることもあります。外からは一見おとなしくいい人に見られることもありますが，これは見えないところでうっぷんを晴らしているからです。

3. 心理的支配型

　このタイプは高すぎるプライドを持っていることが多い割に本心では自分に自信を持っていません。そのため，相手から裏切られることに対して過度な不安を持っています。この不安によって，自分の配偶者や恋人の行動を支配したり監視したりするのです。また，裏切られたり軽んじられたりすると暴力に訴えたりもします。

4. 不安定型

　不安定型は精神的に未熟，不安定で，他者との間に安定した対等な関係を築くことができません。そのために過度な依存と過度な排斥の間を揺れ動いたりします。たとえば，少し前まで非常に依存的で甘えていたのに，気に入らないことがあると急激に冷たくなったり，暴力的になったりします。被害者は，相手に振り回されているという感じを抱きます。精神医学的には**境界性パーソナリティ障害**や**自己愛性パーソナリティ障害**などの診断名が該当する場合もあります。

コラム 6.1	ドメスティック・バイオレンスにおいてカタルシス効果はあるか？

　カタルシス効果は，暴力的なテレビ番組を見ることによって「すっきりして」暴力の発現が低下するというものです。しかし，実際にはこのような効果は生じないどころか逆効果であることが示されています。さて，ドメスティック・バイオレンスにおけるカタルシス仮説とは「口論が多い」夫婦は口論で怒りを発散できるから，実際の身体的暴力は少ないというものです。「うちは口論は多いから，それですっきりして手は出さないよ」という人も実際にはいます。では，本当にこの仮説は成り立つのでしょうか。これを研究したのは，ストラウス（Straus, 1974）です。その結果，口論は怒りを発散できるどころか増強してしまう，つまり口論が多いほど身体的暴力も大きくなってしまうということが示されました（図6.3）。

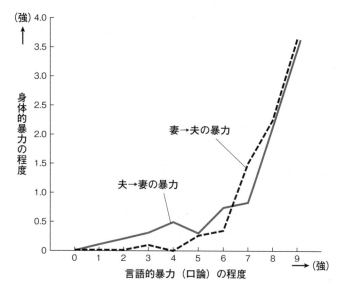

図6.3　夫・妻による暴力の程度（Straus, 1974）

6.1.3　離脱するのが困難なドメスティック・バイオレンス

　ドメスティック・バイオレンスについては，「暴力をふるわれるのなら別れればよい」といわれることも多いのですが，実際には，一度暴力的な関係が形成されてしまうとそこから脱するのは困難です（この傾向はデート・バイオレンスでも同様です）。とくに，「配偶者暴力の三相」（図6.4）といわれる悪循環が形成されてしまったり，自分の被害を合理化・自己洗脳してしまったり，また，過度な支配―被支配関係が形成されてしまった場合には暴力的な関係から離脱できなくなってしまいます（図6.5）。

6.1.4　ドメスティック・バイオレンスに対する対処

　警察官は，ドメスティック・バイオレンスの加害者に対して，どのような対処法をとるのが有効なのでしょうか。この問題を検討したのが，ミネアポリス家庭内暴力実験プロジェクトです（Sherman & Beck, 1984）。この研究では，ドメスティック・バイオレンスの通報に対して，逮捕，別居，カウンセリングを行った場合の効果が比較されました。314件のデータが集められ，6カ月の追跡期間中の再犯や自己申告での暴力を調べた結果，逮捕が最も効果的であるということが示されました。警察は，ドメスティック・バイオレンスなど家庭内の問題にはあまり積極的に介入したがらないのですが，そのために暴力がエスカレートしたり，暴力的関係が継続されている可能性もあるのです。この研究にはさまざまな批判もなされていますが，その後，オハイオ州ミルトン郡で行われたプロジェクトでも厳罰化が再犯を減少させることが示されています（Thistlethwaite et al., 1998）。これらの研究以降，アメリカの警察官はドメスティック・バイオレンスに対して，積極的に介入し逮捕を行うようになりました。

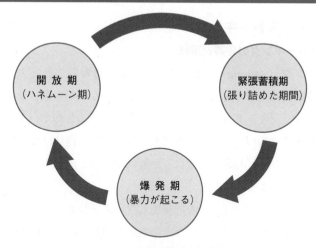

図6.4　配偶者暴力の三相

夫婦間暴力においては加害者は以下の 3 つのフェイズを繰り返すといわれています。まず，緊張の蓄積期には加害者はささいなことからくるストレスを蓄積し，緊張を高めていきます。その緊張がある段階を越えると爆発し，被害者に暴力をふるいます。その直後には，開放期（ハネムーン期）に入ります。ここでは，加害者は，暴力をふるったことを謝罪し，極端に優しくなったり，プレゼントをしたりします。多くの被害者はここで加害者を許したり，「あの人（加害者）は私がいないとダメなんだ」などと考えて，関係を継続してしまいます。その結果，次の暴力爆発期に至り，これが反復されてしまいます。

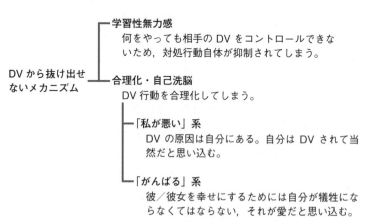

図6.5　DV から抜け出せないメカニズム

6.2 ストーキング

6.2.1 ストーキングの定義と現状

　ストーキング（stalking）は悪質なつきまとい行為のことです。大きく分けて，恋愛感情に基づくものと憎悪感情に基づくものが存在します。恋愛感情に基づくストーキング行為は，長い間犯罪とは認知されていませんでした。また，憎悪感情に基づくストーキングも，個々の行為自体は比較的軽微な嫌がらせ行為であり，軽犯罪法などにしか触れないなどの理由から，警察もそれほど重視していませんでした。

　これは日本でも，アメリカでも同様でした。アメリカではジョン・レノン，ジョディ・フォスター，マドンナなどの有名人がしつこくつけまわされ，嫌がらせを受けることが，1980年代後半頃から問題視されるようになりました（**スター・ストーカー**）。そのような中で，被害者がストーカーに殺害される事件がいくつか発生するようになり，次第に社会的な問題となり，ストーキング行為を規制する法律が作られていったのです。アメリカではレベッカ・シェイファー殺害事件（**コラム6.2**参照）とリチャード・ファーレイ事件，日本では桶川女子大生殺害事件（**コラム6.3**参照）が**ストーカー規制法**が作られる大きなきっかけとなりました（**コラム6.4**参照）。現在では，警察でも積極的にストーカー対策を行うようになってきました。

6.2.2 ストーカーの特性

　ストーカー規制法の検挙者のデータを見てみると，ストーカーの8～9割は男性です。また，ストーキングは同性間のものもありますが，異性間で行われることが最も一般的です。また，わが国のストーカー規制法が恋愛関係におけるストーキング行為をその規制対象としていることもあって，被害者の8～9割が女性になっています（**図6.6**，**図6.7**）。

　ストーカー事件の被害者の多くは20代の女性，加害者の多くは30代～40代の男性ですが，近年，問題になっているのが，60代以上の男性高齢者が

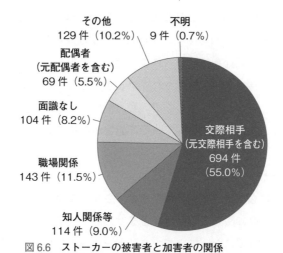

図 6.6 ストーカーの被害者と加害者の関係
(令和元年のデータ，警視庁ホームページより)

ストーカー事件で警視庁（東京都）に相談があった事例を分析してみると，その大半は被害者と加害者が（元）交際相手の関係にあり，面識のない犯人につきまとわれるケースは 10%以下に過ぎませんでした。

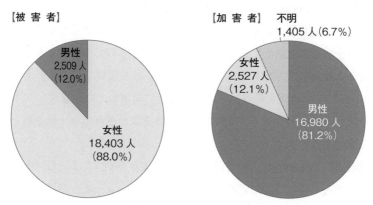

図 6.7 ストーカーの被害者と加害者の性別
(令和元年のデータ，警察庁ホームページより)

全国の警察が認知したストーカー事件の加害者の 80%は男性で，最も多いのは 30代〜40代です。一方，被害者の 90%は女性で 20代が多くなっています。

加害者となるケースです。高齢男性が加害者ということで被害者も高齢者だろうと考える人が多いかもしれませんが，実際には 20 代〜40 代の女性が被害に遭っています。2011 年には，熊本在住の 83 歳の犯人が 20 代の女性に対するストーキング行為で検挙されました。この犯人は，同じ女性に対するストーキング行為で 4 回も検挙されています。犯人が高齢者だからといって被害が軽微かというとそうでもなく，暴力的で危険なストーカーも少なくないため，今後大きな問題となっていく可能性があります。

6.2.3　ストーカーの分類

　ストーカーにもさまざまな動機があり，さまざまな行動をとるため，その特徴や対策を一概に論じることはできません。そこで，ストーカーをタイプ分けすることが重要になってきます。ストーカーの分類を行った研究者は何人かいますが，その中でミューレン（Mullen, P. E.）の分類が現在最も一般的なものです。彼は，ストーカーを以下の 5 つに分類しています（Mullen et al., 2000）。

1. **拒絶型（rejected）**……元恋人や元妻（夫）をストーキングします。相手から別れを切り出されることがストーキングのきっかけとなります。はじめはよりを戻そうと過度に恋愛的な接近をしてくるのですが，よりが戻らないとなると次第に攻撃的になり，「相手にとことん復讐してやる」あるいは，「相手を殺して自分も死ぬ」といった行動に発展していきます。ストーカーの中では最も危険なタイプで被害者が傷害を負わされたり，殺されたりする危険性があります。

2. **憎悪型（resentful）**……普段から不平不満が多く，たまったストレスを身近な人を苦しめることで発散しようとします。ストーカーだけでなく，クレーマーや隣人トラブルでも見られるタイプです。恋愛関係が含まれないことも多く，その場合には，わが国のストーカー規制法の対象外となります。

3. **親密希求型（intimacy seeking）**……精神疾患などによって，恋愛妄想などに支配され，相手と自分との間に妄想的な関係を作り上げてつきまとうタ

コラム 6.2	ストーカーのケース ——レベッカ・シェイファー殺害事件

　アメリカでストーカーの問題が注目された一つのきっかけとして，女優のレベッカ・シェイファー（Rebecca Schaeffer）がストーカーのロバート・バルド（Robert Bardo）によって殺害された事件があります。シェイファーは子役からスタートした女優で，ドラマや雑誌のモデルなどとして知られていました。当時は大作の『ゴッドファーザー　PARTⅢ』の出演候補にあがるなど，女優として重要なステップを踏み出したところでした。バルドは，彼女のファンで，ファンレターを出したり自宅に押しかけたりしてつきまとっていましたが，彼女が大人びた発言をしたり，ラブシーンを演じたことなどを不満に思い，殺害を決意しました。そして，1989年，銃を持って彼女の家を訪れ，彼女が出てきたところを撃って殺害しました。レベッカは死亡し，バルドは終身刑となりました。

コラム 6.3	ストーカーのケース——桶川女子大生殺害事件

　桶川女子大生殺害事件は，日本においてストーカー規制法が制定されるきっかけとなった事件です。被害者の女子大生は，1999年，犯人の男と知り合い，交際を始めましたが，まもなく，犯人の男の異常な性格に気づいて別れ話を切り出しました。男はそれを承諾せずにしつこく彼女につきまとうようになりました。はじめは電話や待ち伏せだったのですが，次第に嫌がらせが始まり，彼女の顔写真入りの中傷チラシを自宅や父親の会社に送りつけたりしました。また，風俗店を共同で経営していた兄とともに家に押しかけ，交際にかかった費用と称して金銭を脅し取ろうとしました。最終的には，この兄が風俗店の元従業員など3名に命じて女子大生を殺害させました。弟は北海道で自殺しているのが発見されました。この事件では，被害者が警察に再三相談に訪れていたにもかかわらず，警察は交際の個人的なゴタゴタであるとして，取り合わず，告訴書類を改ざんしていたことが発覚しました。当時，この種のストーカー事件は警察ではまともに取り合ってくれないことも多かったのです。この事件後，警察もストーカー対策に乗り出すようになり，法律も作られることになりました。

イプです。「相手も自分を愛している」「二人は運命の恋人だ」といった妄想を前提に行動します。

4. **無資格型**（incompetent）……相手の立場に立って考えることが苦手か，できないために自分勝手な好意の押しつけや，要求の押しつけをするタイプです。「こっちは，これだけ愛しているのだから，それに答えるのは相手の当然の義務である」などと考えます。極度の自己中心性があります。

5. **捕食型**（predatory）……殺人やレイプを最終目標として，相手を密かに監視して情報収集をするタイプです。

　これ以外に危険性が最も少ないものとして，恋愛経験が少なく単に異性に対するアプローチが下手なため，つきまといになってしまうタイプと，発達障害のために，好きな異性に対して柔軟な態度で接することができないタイプなどがあります。

6.2.4　ストーカーの危険性予測

　ストーカーにつきまとわれた場合，被害者が最も気になるのは，被害が今後悪化していくかどうかということです。また，対応する警察側も，現在の被害は放っておいても消滅するものなのかどうか，それとも早く介入しなければ，被害者に生命の危険が及ぶ可能性があるのかどうかを判断しなければなりません。このように，ストーカー被害がエスカレートする可能性を予測するための研究が行われています。

　ローゼンフェルド（Rosenfeld, 2004）は，ニューヨークで発生した204件のストーキング事件を対象に分析を行いました。これらの事件のうち，70件でストーキングは暴力事件に発展しており，そのうち12件は深刻な暴力事件にまで発展していました。そこで彼は，どのような要因が存在するとストーキングが暴力にまで発展してしまうのかについてロジスティック回帰分析という統計手法を用いて分析しました。

　その結果，「犯人が30歳未満である」「犯人の教育歴が高校卒業未満である」「犯人は白人ではない」「元恋人，元夫婦である」「脅迫が行われている」

コラム 6.4　ストーカー規制法

　桶川女子大生殺害事件をきっかけとして，日本でもストーカー規制法（ストーカー行為等の規制等に関する法律）が作られました（**図 6.8**）。取り締まりの対象となる行為は，自宅，学校，職場などでのつきまとい・待ち伏せ・押しかけ・うろつき，監視していると告げる行為，面会や交際の要求，乱暴な言動，無言電話，連続した電話・ファクシミリ・電子メール・SNS などです。これらの行為が行われた場合，警察本部長からの警告や公安委員会から禁止命令を出すことができます。禁止命令に違反した場合には，2 年以下の懲役または 200 万円以下の罰金に処せられます。また，つきまとい等を反復して行った場合には，ストーカー行為として直接検挙することもできます。警察に対するストーカー相談件数は毎年全国で 2 万件程度，平成 30 年度は，2,451 件の警告と，1,157 件の禁止命令が出され，870 名がストーカー規制法で検挙されています（他に刑法，特別刑法で 1,594 名が検挙されています）。現在のところ，取り締まり対象は，「特定の者に対する恋愛感情その他の好意の感情又はそれが満たされなかったことに対する怨恨の感情を充足する」好意に限られており，それが一つの問題とされています。

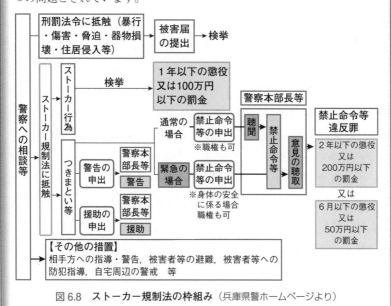

図 6.8　**ストーカー規制法の枠組み**（兵庫県警ホームページより）

「犯人が薬物中毒である」などの要因が重要であることが示されました。一方，「犯人が精神疾患である」という変数は結果に影響しませんでした。犯人が「元恋人・元夫婦」であるというのは，拒絶型の特徴であり，このタイプの危険性の高さがこの研究でも示されました。

6.3 子ども虐待

6.3.1 子ども虐待の定義と現状

　子ども虐待とは，保護者が子どもに対してあらゆる種類の危害を与えること，危害の可能性にさらすこと，危害を及ぼすという脅しをすることなどをさします。これは身体的虐待，性的虐待，ネグレクト，心理的虐待に分類されます。近年，児童相談所における子ども虐待の取り扱い件数は，増加傾向にあり，深刻な社会問題となっています（図6.9，コラム6.5）。

6.3.2 身体的虐待

　身体的虐待（physical abuse）とは，殴る蹴るなどの暴力をふるうなど，子どもに対して身体や生命に危険を生じさせる可能性のある行為を行うことです。かみつく，高いところから落とす，たばこの火を押しつける，熱湯を浴びせる，蒲団蒸しにする，溺れさせる，激しくゆさぶる（ゆさぶられっ子症候群；shaken baby syndrome；SBS）などの行為が行われる場合もあります。身体的虐待を行うのは，実母が最も多いことがわかっています（図6.10，図6.11参照）。また，身体的虐待を行う母親の中には衝動的に暴力をふるった後で反省し，自己嫌悪的な感情に襲われるにもかかわらず，再度，虐待を行ってしまうものもいることがわかっています。加害者自身も自分の行動に悩んでいる場合があるのです。

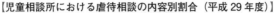

【児童相談所における虐待相談の内容別割合（平成 29 年度）】

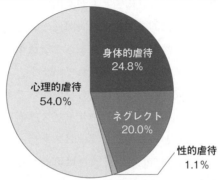

身体的虐待
24.8%

心理的虐待
54.0%

ネグレクト
20.0%

性的虐待
1.1%

図 6.9　子ども虐待の現状（子どもの虹情報研修センターホームページより）

コラム 6.5　　目黒 5 歳児虐待死事件

　2018 年，東京都目黒区で度重なる虐待を受けていた 5 歳女児が死亡しました。女児は母親と元夫の間に生まれ，父親とは血縁関係はありませんでした。家族は当初，香川県に在住していましたが，この段階から児童相談所が付近住民の通報をきっかけに虐待を認知，一時保護などを行っていました。その後，家族は東京都に転居しました。転居をきっかけに虐待はエスカレート，父親は女児に対してほとんど食事を与えなかったため，女児の体重は激減し，栄養失調状態になりました。2 月のある日，父親は女児に風呂場で冷水を浴びせ，暴行を加えて負傷させました。その後，女児は敗血症状態になり，ほぼ寝たきりで嘔吐を繰り返し，3 月 2 日に死亡しました。母親は父親の暴行を目にしていましたが，父親による心理的な支配の影響下にあり，女児を救い出すことができませんでした。

6.3.3　身体的虐待の原因

　虐待の原因はその種別によってさまざまですが，身体的虐待の背景にはほぼ確実に生活上のストレスが存在することが指摘されています。もちろん，育児がうまくいかないというように子どもが原因のストレスが存在する場合もありますが，むしろ，経済的な問題や人間関係の問題，夫との関係上のストレスなど，子どもとは直接関係のないさまざまな種類のストレスが子どもに向けられてしまうケースが多いと考えられています。ストレスによる攻撃は必ずしもストレス源に向けられるとは限らないからです。もちろん，行政機関はさまざまな子育て支援，経済支援のサービス，そして虐待を行わないようにする手助けや相談などの直接的なサービスを行っており，これらを有効に活用できれば，虐待を減らしていくことは可能だと思われます。しかし，現実問題として，虐待を行ってしまう親はこれらのサービスの存在を知らなかったり，これらのサービスにアクセスしていない場合が多いのが現状です。

6.3.4　性 的 虐 待

　性的虐待（sexual abuse）とは，子どもに対する性的な行為全般をさす概念です。性交を伴うもののほか，性器の露出，のぞき見，ポルノビデオの被写体とする場合や，ポルノビデオや性行為を見せるなどの行為が行われる場合もあります。わが国では，児童相談所に相談される性的虐待のケースは全体の1～2％程度とあまり多くありませんが，加害者は近親者であることが多いので，実際に被害を受けているのに明らかになっていない暗数がかなりあると考えられています。

6.3.5　ネグレクト

　ネグレクト（neglect）は，養育者が，子どもに対して必要な衣食住の保護や世話，医療的なケアを行わないタイプの虐待です（Dubowitz, 1999）。具体的には，適切な食事を与えない，（下着を含めて）長期間同じ服を着せ続ける，極端に不潔な環境の中で生活させる，などをさします。

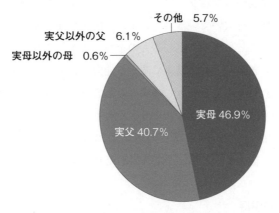

図 6.10　虐待加害者の続柄別集計（平成 29 年度）

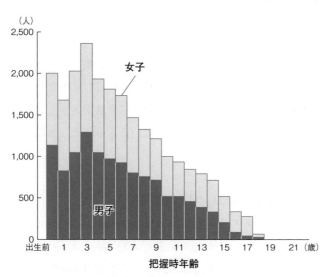

図 6.11　**虐待被害者の年齢と性別**（小林ら，2001）
平均は 6.1±4.5 歳，乳幼児は 58％です。

　ネグレクトは，さらに消極的ネグレクトと積極的ネグレクトに分けること
ができます。**消極的ネグレクト**は，両親や母親が子どもの養育についての知
識やその実行能力を欠いている（たとえば，両親が知的障害や精神疾患など
の場合も含む）ことによって生じるものをさします。これに対して，**積極的
ネグレクト**は，親が子どもの成育に関する能力や知識を持っていながら，意
図的にそれを放棄する場合をさします。たとえば，母親が子どもに関わるよ
りも自分の交友関係を重視するあまり，子どもを置き去りにする場合や，近
年，問題にされることが多い，親がパチンコや買い物に熱中している間，乳幼
児を車の中に放置することなどがこれにあたります。

6.3.6　心理的虐待

　心理的虐待（emotional abuse）とは，子どもに対する態度や言葉，あるい
は無視などによって子どもに心理的なトラウマを生じさせるような虐待で，
近年最も多いタイプの虐待です。具体的には，「おまえなど生まれてこなけ
ればよかった」「棄ててやる」「おまえは拾ってきた子どもだ」「おまえのせ
いで夫婦関係が悪くなった」などの，子どもの心を傷つけるような言動を繰
返し言うことや，大声や脅迫的な言動を子どもに対して繰り返す場合などが
これにあたります。これ以外に，両親間のDVを目撃させること，他の兄弟
と食事や扱いが極端に異なる差別的取り扱いをすること，無視なども心理的
虐待にあたります。

6.3.7　代理によるミュンヒハウゼン症候群

　代理によるミュンヒハウゼン症候群（Münchhausen Syndrome by Proxy；
MSbP）は，1977年にメドー（Meadow, R.）が医学雑誌「ランセット（*Lancet*）」
に発表した論文から広く知られるようになった子ども虐待の一つの形態です
（コラム6.6）。

　母親が，実際には病気でない子どもを病院に連れていき，病気であるとい
った虚偽の申告を行ったり，まわりの人々にふれまわる，子どもが病気であ

コラム 6.6　代理によるミュンヒハウゼン症候群のケース

1. メアリー・バークの事例

　この事例は，本人が「小児科学」という専門雑誌に載せたことから広く知られるようになったものです。メアリー・バーク（Mary Bryk）は，ものごころがついたときから，看護師をしていた母親から虐待を受け続けていました。虐待は，2歳くらいのときから始まったと思われます。さまざまな虐待が行われましたが，その一つは，彼女の足を治療と称してハンマーで叩くことでした。その結果，彼女は，蜂窩織炎となってしまいましたが，排膿のために皮膚が切開されると，母親はその傷口に鉢植えの土やコーヒーの出がらし汁を塗り，悪化させました。また，彼女はしばしば熱湯をかけられ，その結果，右腕に重度の火傷を負ってしまいました。母親は，周囲からは病気がちの彼女を献身的に看病するよい母親だと思われ，父親もそう思っていました。小学4年生のとき，メアリー・バークは，自分はひどい仕打ちをされているのだということを認識し，父親に告白しましたが，父親は信じませんでした。そこで彼女は母親に対して，この行為を「みんなに言う」と反旗を翻しました。その結果，母親の行為はやみましたが，今度は弟が被害に遭うようになりました。

2. 京都の事例

　2008年12月，京都の病院に入院していた1歳10カ月の女児の点滴に腐ったスポーツドリンクを混入させたとして，実の母親が検挙されました。この女児は5女だったのですが，この家庭では長女を除く，2女，3女，4女がいずれも原因不明の病気で8カ月〜3歳の間に死亡していたことがわかりました。この家庭には5人の女児が生まれていましたが，同時に2人以上の子どもがいたことはありませんでした。母親は，すべての事件について同様の手口で意図的に子どもの症状を悪化させて，殺害していたのです。母親は警察の取調べに対して，「子どもを看病してずっと付き添っていたかった」ことが動機だと述べています。一方で父親は，母親の行動に気づいていませんでした。

る証拠をねつ造する（尿検査の尿に自分の血液を混ぜるなど），さまざまな
方法によって（腐った水，泥水，塩分や自分の尿を注射する，点滴に混入す
る，睡眠薬，抗てんかん薬，向精神薬，洗剤，その他の毒物を飲ませる，窒
息させるなど）子どもを故意に病気にしたり怪我をさせる，といった行動を
いいます。反復して長期間にわたって行われることが多いこともわかってい
ます。

　代理によるミュンヒハウゼン症候群の犯行の動機は，「病気で苦しんでい
る家族を献身的に看護している母親」を演じることによって周囲から注目さ
れたり，関心や同情を集めること，病院スタッフとの人間関係を形成するこ
となどであると考えられています。犯人は演技的人格であることが多く，自
ら，あるいは家族が病気になり注目が集まることによる**疾病利得**によって症
状が維持されていると考えられます。代理によるミュンヒハウゼン症候群の
加害者は，実の母親（98％）であることがほとんどです。最近では，病気の
わが子の看病日誌を SNS などにのせ「いいね」を得るために MSbP を行う
ケースや，ペットを利用した MSbP も報告されています。

6.3.8　虐待の連鎖

　虐待の原因の一つとして**虐待の連鎖**（intergenerational transmission of
abuse）現象が指摘される場合があります（コラム 6.7）。これは自分が虐待
されて育った場合，自分自身も子どもを虐待してしまう親になるというもの
です。一部のジャーナリストが，この連鎖をほぼ確実なものであるとして宣
伝したので，社会的な話題になりました。実証的な研究を行ってみると，被
虐待体験は，虐待リスクを高めることはあるが，自分が虐待されたからとい
って必ずしも子ども虐待をするようになるわけではないということがわかり
ました（Kaufman & Ziegler, 1989）。しかも，虐待の連鎖が発生する場合で
も，その原因は心理学的な問題，たとえば，自分の被虐待経験がトラウマに
なりそれを再現してしまうからだ，とか，暴力的な育児スタイルを学習して
しまうからだ，というものよりも，むしろ，二世代に共通して存在する経済

コラム 6.7　　親から虐待されると子どもを虐待しやすくなるのか？

　ウィドムは，1967 年から 1971 年にアメリカ中西部の大都市圏の地方裁判所で記録された子ども虐待のケースすべてを追跡し，被害児童が親になったとき，どのような犯罪を犯しているのか，また，自らも自分の子どもを虐待しているのかを調査しました（Widom, 1989）。この地方の裁判所では，この時期に 2,623 ケースの虐待事件が取り扱われていましたが，その中から，無意識的な放任や，初発虐待年齢が 11 歳以上のケースを除外した 908 ケースについて追跡を行いました。比較対象となったのは，人種や性別，年齢，経済的な状態がほぼ同じで親から虐待を受けていない統制グループ 667 人です。その結果，虐待を受けた子どもたちのうち，男性は，成人になったとき，統制群に比べてより暴力犯罪を犯す傾向にあることがわかりました。しかし，虐待を受けた子どもが自分の子どもを虐待して検挙される割合は統制群と変わりませんでした（表 6.1）。

表 6.1　**虐待を受けた子どもと統制群の子どもがその後暴力犯罪，虐待で検挙された割合の比較**（Widom, 1989）

	虐待を受けた子ども	統 制 群	有 意 差
暴力犯罪で検挙されたもの			
男　　　性	15.6%	10.2%	$p < .03$
女　　　性	1.7%	2.1%	n.s.
虐待で検挙されたもの			
男　　　性	2.0%	1.8%	n.s.
女　　　性	0.2%	0.3%	n.s.

的な問題や育児環境の悪さに基づくものだと考えられています。それゆえ，たとえ，自分が親から虐待されていたとしても，社会的サポートや生活環境を改善することによって虐待の連鎖を断ち切ることは十分に可能だと思われます。

6.4 高齢者虐待

6.4.1 高齢者虐待の定義と現状

　高齢者虐待とは，高齢者に対して身体的，性的，心理的，経済的虐待やネグレクトを行うことで，社会の高齢化とともに世界的に大きな問題となってきています。厚生労働省の統計によれば，身体的虐待が最も多く，相談件数の 66.7％ を占めています。次いで，心理的虐待 39.1％，ネグレクト 20.3％，経済的虐待 18.3％ となっています（複数回答可；平成 29 年度）。被害者の 76.1％ は女性で，被虐待者から見た虐待者の続柄は息子が 40.3％，夫が 21.1％，娘が 17.4％ となっています。一般に要介護度が高くなるに従ってネグレクトが増加し，心理的虐待は減少します。身体的虐待や経済的虐待は，要介護度とあまり関係しません。

6.4.2 高齢者虐待の様態

　高齢者虐待に特有の様態としては，排泄などの失敗に対して身体的暴力をふるったり，そのまま放置する，下半身を裸のまま生活させるといったものや，認知症で徘徊などのある高齢者を部屋などに閉じ込めたり，拘束したりするなどがあります。これらの虐待の原因として最も多いのは，虐待者の介護疲れ・介護ストレス（24.2％）で，それに次いで虐待者自身の障害や疾病（21.8％），精神不安定（5.0％）であり，いずれも高齢者介護の大きな身体的心理的負担が引き金になっているものです。介護に対する社会的なサポートが十分でないことがうかがわれます。

　また，高齢者が自ら介護サービスを受けることを拒否したり，選択しない

コラム 6.8　子どもは誰に殺されるのか？

　厚生労働省社会保障審議会児童部会児童虐待等要保護事例の検証に関する専門委員会は，子ども虐待における死亡事例について詳しく分析し，レポートを出しています。このレポートによると，平成15年から平成28年までの全死亡例は，1,164人でこのうち約40%が心中によるもので残りが虐待によるものです。虐待の加害者で最も多いのは，実母単独（55.2%）で，次いで実父単独（23.1%），実母と実父の共犯（7.7%），母の交際相手単独（5.3%），実母と母の交際相手の共犯（2.7%）となっています。死因は，頭部外傷と頸部絞扼による窒息死，溺水などが多くなっています。殺される子どもは出産直後が最も多く，望まない妊娠による出産直後の殺害がこのタイプの事件の最も典型的なものとなっています。心中の加害者は，30代以上の比較的年齢が高いものが多く，心中以外の虐待の加害者は，20代の比較的若いものが多いという特徴があります（図6.12）。

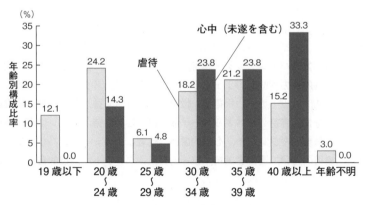

図 6.12　**実母による虐待死亡事件における実母の年齢**
（子ども虐待による死亡事例等の検証結果等について　第13次報告より）

結果，住居や身体が不潔になってしまうという**積極的自己ネグレクト**や，十分な生活能力を持たない高齢者が自分の住居や身体を不潔なまま放置している**消極的自己ネグレクト**とよばれる現象も高齢者虐待の一つの形態として注目されています。

参考図書

ミューレン，P. E.・パテ，M.・パーセル，R.　詫摩 武俊（監訳）安岡 真（訳）（2003）．ストーカーの心理――治療と問題の解決に向けて――　サイエンス社

　ストーカーをタイプごとに詳しく説明しているほか，ストーキングをめぐるさまざまな問題について解説しています。

谷本 惠美（2012）．カウンセラーが語るモラルハラスメント――人生を自分の手に取りもどすためにできること――　晶文社

　カウンセラーとしての立場から DV についてわかりやすく分析しています。とくに今この問題に悩んでいる人には是非手に取ってみてほしい本です。

キーワード

ドメスティック・バイオレンス（DV），デート・バイオレンス，境界性パーソナリティ障害，自己愛性パーソナリティ障害，カタルシス効果，配偶者暴力の三相，ミネアポリス家庭内暴力実験プロジェクト，ストーキング，スター・ストーカー，ストーカー規制法，ストーカー，拒絶型，憎悪型，親密希求型，無資格型，捕食型，子ども虐待，身体的虐待，ゆさぶられっ子症候群，性的虐待，ネグレクト，消極的ネグレクト，積極的ネグレクト，心理的虐待，代理によるミュンヒハウゼン症候群，疾病利得，虐待の連鎖，高齢者虐待，積極的自己ネグレクト，消極的自己ネグレクト，心中

予習問題

　DV，デート DV，虐待の事例を 2 ケース詳しく調べ，それらの犯罪の経過，動機，原因，予防策などについて分析して下さい。

第7章

窃盗・強盗・放火

　犯罪の中で最も多いのは，人の財物を窃取する窃盗です。窃盗は，わが国で発生する犯罪の多くを占めています。また，財物を強取する強盗，火を放って住居や車などを破壊する放火もわれわれにとって大きな脅威となる犯罪です。最近では，コンピュータやインターネットの発達に伴ってコンピュータ犯罪が急増しています。犯罪手口も社会の変化に伴って大きく変化しているのが現状です。

7.1 窃　盗

7.1.1 窃盗の定義と現状

　窃盗は，他人の財物を窃取する犯罪です。他人の住居に侵入して窃盗を行う侵入窃盗や，店舗で陳列されている商品を盗む万引き，車の中にある現金などを窃取する車上狙い，その他置き引き，すり，ひったくりなどがこれにあたります。

　窃盗は，すべての犯罪の中で最も数の多い犯罪です。犯罪統計などを見るときに注意しなければならないのは，他の犯罪に比べて窃盗の犯罪数が大きいために，犯罪全体の傾向がこの数によって左右されてしまうということです。

7.1.2 侵 入 窃 盗

　侵入窃盗は，他人の住居，会社や事務所などに侵入して金品を盗む犯罪です（**表7.1**）。侵入窃盗犯人の第1次的な目的はもちろん金銭的な利益なのですが，それ以外に自己満足や自己表現として犯罪を起こす場合もあります。これを**表出的侵入窃盗**といいます。表出的侵入窃盗犯人は，ものを盗むだけでなくその家のものを破壊したり，ものを散らかしたり，小便や大便などをすることがあります。また，家の中にメッセージを残す場合もあります（Walsh, 1980）。侵入窃盗は被害が金銭的なものだけなのですが，被害者が侵入される自宅というスペースはきわめてプライベートな場所であるため，被害者の受ける心理的なショックは，場合によっては暴力犯罪に匹敵します。とくに表出的侵入窃盗をされた場合の被害者のトラウマは大きなものになりがちです。

　犯人は個人で行動する場合もありますが，2〜3人の集団で犯罪を行うこともあります。共犯がある事件はアメリカでは40〜50％程度だと指摘されています（Bartol & Bartol, 2005）。また，見張り役など役割を分化した集団で行われる場合もあります。近年，わが国では鍵穴を特殊な器具で解錠して

表7.1　**金銭動機による住宅侵入盗の分類**（高村・徳山，2006を参考にして作成）

	犯人属性	犯行特徴
初犯有職群	• 20代中心 • 住居と同居者を有する有職者 • 車等で親しい被害者宅に接近 • 犯歴なし • 余罪なし	• 未明に地方部の住宅街で犯行 • 非破壊侵入 • 犯行の反復性[*1]・一貫性[*2]が低い • 保管物（財布・封筒）のまま窃取
少年群	• 未成年中心 • 住居と同居者を有する学生 • 近隣の知人宅に徒歩等で接近 • 無犯歴または犯歴単数 • 余罪なし	• 過疎部で犯行 • 非破壊侵入 • ゲーム類を窃取 • 連続犯行は少ない
累犯広域群	• 30歳以上中心 • 住居と同居者を有していない無職者 • 公共交通機関を利用して移動する • 4群の中で最も熟練性が高い • 犯歴複数 • 余罪あり	• 都市部のワンルームで犯行 • 被害者の在宅時に破壊侵入 • 犯行の一貫性[*2]が高い • 連続犯行に及ぶ
累犯非広域群	• 30歳以上中心 • 住居と同居者を有していない無職者 • 徒歩で移動する • 犯歴単数 • 余罪あり	• 農漁山村で犯行 • 当割以外の破壊により侵入 • 食料品を窃取 • 犯行の反復性[*1]・一貫性[*2]が高い

＊1　犯行の反復性は，同一被害者宅での犯行があることを指す。
＊2　犯行の一貫性は，侵入方法等の犯行特徴に一貫性があることを指す。

侵入するピッキングという方法を用いてグループで侵入窃盗を繰り返す外国人犯罪者のグループが社会的に大きな問題となりました。

7.1.3 侵入窃盗犯人の行動

　侵入窃盗犯人にとって大きな問題なのは，どこに侵入するかということです。もちろん，金品を盗むことが目的なので，侵入に際しては金目のものがありそうかどうかが最も重要だと思われがちなのですが，実際には，熟練した犯人ほど自分が捕まりにくいかどうかを重視します。犯人がとくに気にするのは，住居への侵入を他人に発見され通報されるリスクです。そのために，彼らはターゲットを選ぶ際に，まわりの家から見えやすいかどうか，侵入する家や事務所に人がいるかどうか，侵入に時間がかからないかどうかなどの情報をとくに重視します。レンガートとワシルチックは，侵入窃盗犯人の活動時間が，家に誰もいなくなる時間と密接に関係していることを示しています（Rengert & Wasilchick, 2000；Bennett & Wright, 1984；Cromwell et al., 1991；図 7.1）。実際にはあまりお金を持っていなそうな大学生や，若い会社員の住んでいるワンルームのアパートなども侵入窃盗の対象になるのは，犯人が通報リスクの少ないことを最も重視するからです。また，窃盗犯人の多くは，自宅と職場を結ぶ直線の付近で犯行を行うこともわかっています（図7.2）。

　クロムウェルらのグループは，窃盗犯人にインタビューをした研究で，犯人たちがターゲットの家が犬を飼っているかどうかに敏感であるということを示しました。おもしろいことに，犬の大きさはあまり重要でなかったといいます。大きな犬は怖いですが，小さな犬ほどよく吠えることがその理由かもしれません（Cromwell et al., 1991）。

7.1.4 内部窃盗

　内部窃盗は，会社，店舗や学校などにおいて，その成員によって，別の成員，あるいは会社など組織の金銭や商品が窃取される窃盗です。「内部窃盗

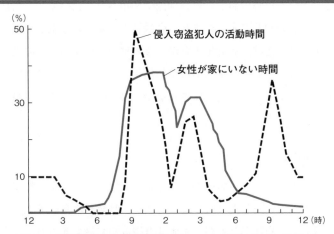

図7.1　**住居侵入犯人の活動時間**（Rengert & Wasilchick, 2000）
レンガートとワシルチックは，侵入窃盗犯人30人に，その行動についてインタ
ビューをしました。その結果，彼らの活動時間は，夜間を除き家に女性がいない時間
帯と一致することがわかりました。

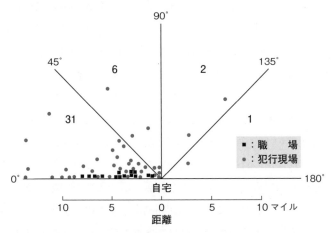

図7.2　**侵入窃盗犯人の活動領域**（Rengert & Wasilchick, 2000）
レンガートとワシルチックは，犯人がどのような場所で侵入窃盗を行っているかを犯
人に対するインタビューを基に集計しました。犯人の自宅と職場を結ぶ直線から，彼
らが侵入した家が，何度ずれた角度で行われたかを調査したところ，77.5%の犯行
が45°以内で行われていることがわかりました。つまり，犯人は，自宅と職場を結
ぶ線の付近で犯行を行っているのです。

（内部盗）」という言葉はおもに警察部内で使用される言葉です。内部窃盗は環境誘発性の高い犯罪です。つまり，金銭管理がルーズな職場で起こりやすくなります。たとえば，会計担当者が金庫の鍵を無施錠の自分の机の中に入れっぱなしにしている，金庫はあるが無施錠でダイヤルも崩されていない，帳簿が合わなくてもあまり問題にされない，などの問題のある職場で起こることがほとんどです。

7.1.5　万引き

　万引きは，小売店などの店先から商品を盗み出す行為です。警察統計上は自転車盗や車上狙いなどよりも少ないですが，暗数が非常に多く，実質的には日本で最も多い犯罪だと思われます。万引き犯で最も多いのは青少年ですが，最近は高齢者も増加しています。コンビニとスーパー，書店での被害がほとんどを占め，最も多く窃取されるのは，食料品，日用品で，青少年が犯人の場合にはこれに書籍が加わります。青少年が犯人の場合には約半数に共犯者がありますが，成人や高齢者はほとんどすべてが単独犯です。検挙される万引き犯のうち，約半数が常習性のあるものです。動機としては，商品が欲しいが金がなかったので窃取してしまったというのが最も多いように思われるかもしれませんが，現在の万引きにおいてはこのような経済的な動機のものはあまり多くありません。生活保護を受けていたり，経済的に困窮している犯人は全体の10％程度です。実際は，非行に伴う遊び型の万引き，お金はあるがそれは別の目的のために使いたいということで節約のためにする万引き，犯行の際に得られるスリルを体験するための万引き，欲しいものがあると我慢できずに窃取してしまう衝動制御不全型の万引き，一種の嗜癖として生じる窃盗癖による万引き（**クリプトマニア**）などがあります。そのものが欲しいからという動機以外で万引きをした犯人の中には，盗んだものを廃棄したり，友人に譲ったり，使用せずに自宅にため込んだりするものもいます。

コラム 7.1　特 殊 詐 欺

　近年，犯罪に関してわが国で最も大きな問題となっているのは，おそらく特殊詐欺でしょう。**特殊詐欺**とは，被害者に電話をかけるなどして信頼させ，指定した預貯金口座への振り込みや郵送，手渡しなどの方法によって不特定多数のものから現金やキャッシュカード等をだまし取る犯罪です。

　特殊詐欺の中で最も数が多いのがいわゆる「オレオレ詐欺」です。これは，犯人が架電先の家人の家族（子どもか孫）を装い，彼らが緊急事態（会社の金の入った鞄を落とした，会社の金を使い込んだのがばれた，愛人が妊娠した，痴漢で捕まった）にあり，急に金が必要だと信じさせて事態の解決のために金を振り込ませる手法です。最近では，犯罪の劇場化が進んでおり，詐欺電話には家族を装う人物だけでなく，上司役，警察役，弁護士役などの複数の役回りをする犯人が登場し，平均5〜6回の架電で金を奪い取るという手口が典型的です。

　他には，「インターネットのサイト利用料などの不払い金」などの支払いを要求し，金が払われないならば裁判になるなどと脅して金を奪う架空請求詐欺，うまい融資話を持ちかけ保証金や立替金などの名目で金を奪う融資保証金詐欺，税金や医療費が戻るという名目で ATM などを不正に操作させて金を振り込ませる還付金詐欺などの手口が存在します。被害者の多くが高齢者です。

　これらの詐欺の興味深い点は，被害者のほとんどすべてが事前に，これらの詐欺について知識を持っているということです。つまり，「知っているのにだまされてしまう」わけです。では，なぜだまされてしまうのでしょうか。心理学的にはいくつかの興味深い点が指摘されています。たとえば，①他人のことなら十分冷静に理性的な判断ができても，自分自身のことになると冷静に判断できなくなる。②動揺させ，混乱させた状況で，具体的な指示を与えると多くの人は容易に従ってしまう。③犯人がフットインザドア，ローボールテクニックなどの心理学的なテクニックを巧妙に使用している，などです。

7.2 強　盗

7.2.1　強盗の定義と現状

　強盗とは，暴行または脅迫を用いて他人の財物を強取する犯罪です。銀行やコンビニエンスストアなどの店舗に武器を持って侵入し，店員を脅して金を取るものや，一般の住居に侵入して，家人に暴力をふるって家の現金などを盗むものがあります。また，ひったくり犯人がひったくりの際に相手に怪我をさせてしまった場合も強盗となります。海外では，旅行者や通行人に武器を突きつけて財布や宝飾品を奪う路上強盗が大きな問題となっています。

7.2.2　強盗犯人のテーマ

　アリソンらは，144 人のイギリスの武装強盗の犯行データについて 34 の観点から集計し，多次元尺度構成法を用いてその行動を分類しました（Alison et al., 2000）。その結果，犯人の行動は計画性あり―なし，衝動性あり―なしの 2 つの次元によって分類され，計画性あり・衝動性なしの**プロフェッショナルタイプ**（Robin's man），計画性あり・衝動性ありの**盗賊タイプ**（bandits），計画性なし・衝動性ありの**カウボーイタイプ**（cowboy）に分けられることが示されました（**コラム 7.2**）。

　高村ら（2002）は，愛知県および四国・九州地方における武装強盗犯人の行動パターンをアリソンらと同様の方法で分析しました。対象は，14〜71 歳で平均年齢は 39.3 歳でした。その結果，日本においても，武装強盗は，アリソンらの結果と同様な 3 つのタイプに分類できることが示されました。日本型プロフェッショナルタイプは，周到な準備の上で民家に押し入るプロの犯人，日本型盗賊タイプは，用意は周到だが，現場でコントロールに失敗してしまう犯人で，金融機関強盗によく見られるタイプ，日本型カウボーイタイプは準備もせず，変装もしないままコンビニなどに押し入り，金銭獲得や逃走に失敗する可能性の大きい素人の犯人です。

コラム 7.2　　イギリスにおける武装強盗の行動パターンの分析

　アリソンら（Alison et al., 2000）は，リヴァプール方式のプロファイリングにおけるマッピングの方法を用いて，強盗犯人の行動を分類しました。接近してプロットされている行動は，犯人が同時にとる可能性の大きな行動，離れてプロットされているのは，犯人が同時にとりにくい行動をさしています。この分析の結果，犯人は，冷静に犯行を行うプロフェッショナルタイプ（Robin's man），計画性はあるが現場では感情的になってしまう盗賊タイプ（bandits），無計画で衝動的なカウボーイタイプ（cowboy）に分けられることが示されました（図7.3）。日本の強盗犯についてもほぼ同様のタイプ分けができることが示されています。

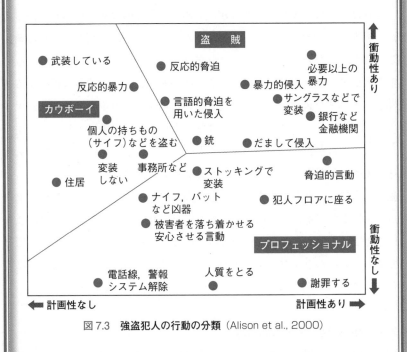

図 7.3　強盗犯人の行動の分類（Alison et al., 2000）

7.2.3　路上強盗

　路上強盗は，路上で通行人に対して強盗を行い，金銭などを強取する犯罪
です（図 7.4 参照）。ライトとデッカーは，アメリカのセントルイスにおい
て定期的に凶器所持強盗を行っていながら逮捕されていない 86 人の犯人に
インタビュー調査を行っています（Wright & Decker, 1997）。対象の多くは
下層階級の黒人男性の若者で，年齢は 10 代後半〜20 代でした。彼らの強盗
の動機は金銭的なものであり，強盗という犯罪を選択する理由はそれが手っ
取り早く現金を手にすることができる方法だからということでした。犯行の
ほとんどが計画されたものではありませんでした。

　路上強盗のターゲットを選ぶとき，犯人たちは性別や人種などの情報を手
がかりにしていました。最も被害者として選ばれやすいのは白人の女性でし
た。それは，抵抗が少なくリスクが低い割に，多くの金銭を得られるからで
した。黒人は，一般に抵抗することが多く，リスクが高い割に得られる金銭
が限られているため，あまり選択されませんでした。ただ，白人男性でも麻
薬密売人はターゲットとして選ばれることがありました。彼らは抵抗する可
能性も高く，また銃やナイフで武装している可能性もあるのでリスクが大き
いのですが，もし，成功したときは非常に大きな利益が手に入るからです。
これらは，彼らが犯行においてリスクとベネフィットを比較衡量して，ある
意味合理的に犯罪を実行していることを示しています。

　犯人の中には，武器で人を脅して思い通りにさせることによる支配欲求の
充足を動機としてあげたものもわずかながらいたものの，それは例外的なも
のに過ぎませんでした。彼らの多くは先のことを考えず，今さえよければそ
れでよいといったライフスタイルをとっており，そのために必要な金銭は人
から奪って手にするといった犯罪文化に染まってしまっていました。

7.2.4　銀行強盗・金融機関強盗

　強盗の中には，銀行，郵便局や消費者金融などの金融機関を狙うものがあ
ります（図 7.4 参照）。映画などのように，このような銀行強盗・金融機関

好評書ご案内

基礎からまなぶ社会心理学　第2版

脇本竜太郎 編著／熊谷智博・竹橋洋毅・下田俊介 共著

A5判／240頁　本体2,350円

本書は，初めてまなぶ方が社会心理学を身近な物事に引きつけて考える
面白さを伝えたい，という思いから執筆された入門書の改訂版です。
しっかり勉強するためのテキストとして，各章の冒頭にその章で扱うト
ピックやキーワードを明示し，章末に復習問題を配置するという構成は
そのままに，内容を見直し，メディアと自殺，SNS利用と対人関係など
の新しいトピックを加えました。

知覚と感覚の心理学

原口雅浩 編　　　　　　　　　　　A5判／296頁　本体2,700円

人や動物は，目や耳，鼻や舌などを通じて環境から情報を獲得し，それ
らは神経細胞を経て脳に伝わります。脳に伝わった情報によって私たち
はものを認識し，想像したり身体を動かしたりします。本書は，そのよ
うな知覚・感覚とよばれる心のはたらきを，研究・教育経験の豊富な著
者陣がやさしく解説します。また，時間感覚や高次脳機能障害といった
トピックについても詳しく紹介します。

発達心理学の視点
「わたし」の成り立ちを考える

小松孝至 著　　　　　　　　　　　A5判／240頁　本体2,400円

本書は，はじめて発達心理学を学ぶ方のための教科書です。専門用語の
羅列に陥らず，心理学の研究がどのような考え方で発達をとらえようと
するのかを丁寧に説明するよう心がけました。大学生が理解しやすいよ
う青年期から始まり，子育てをするような流れで乳児期・幼児期・児童
期と続き，中年期・老年期で終わるようになっています。実感をもって
学び，考えることのできる一冊です。

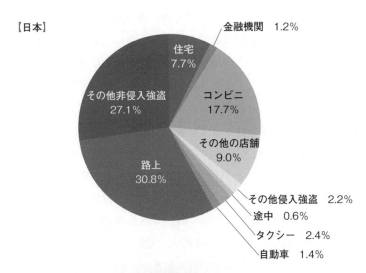

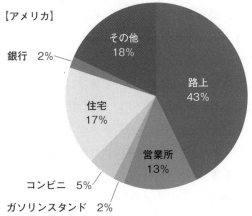

図 7.4　日本とアメリカにおける強盗認知件数の内訳
（警察庁「平成 25 年の犯罪情勢」および FBI "Uniform Crime Report：Crime in the United States". 2013 より作成）

　強盗はプロフェッショナルな犯罪者や犯罪者グループによって行われるように思われますが，実際にはそのほとんどがアマチュアの犯人によって衝動的に行われています。犯人は，日本では刃物，海外では銃を使用することが多いですが，武器を持たない強盗も少なくありません（図 7.5）。非武装の場合，日本でも海外でも犯人が 1 人の場合は，失敗率が高くなります。行員や店員などに取り押さえられてしまうケースがあるからです（図 7.6）。武装していた場合は，その場では取り押さえられず犯人は逃走しますが，日本ではその多くは当日か翌日に検挙されてしまいます（越智，2010）。

　被害に遭う金融機関は，ランダムではなく特定の支店に集中しやすいことがわかっています。マシューズらは，1992～94 年にイギリスの首都警察が扱った 734 件の銀行強盗について分析しましたが，被害に遭った 508 の支店のうち，最も多いところでは，3 年間に 6 回も強盗に入られていました（Matthews et al., 2001）。また，一度被害に遭った支店の 50％が 3 年以内にもう一度以上被害に遭うことも示されています。

　このことから，強盗を引きつける支店があるということがわかります。犯人が強盗を行うターゲットを選択する場合の手がかりとしては，侵入窃盗と同様に盗むべき金があるかということ以上に，犯行を行いやすく，捕まりにくい場所であるかどうかが重要な選択要素になります。具体的には，防犯システムが十分でない，支店の前に車を止めやすい，犯行状況が外部から見えにくい，逃走ルートが複数存在する，警察からのアクセスが悪い，などの条件がそろっている場所です。わが国では金融機関に対する強盗の多くは，銀行の支店ではなく郵便局を対象にしており，また，行員の比較的少ない支店が狙われています（越智，2010）。これも逃走の容易さや犯行時に取り押さえられてしまうリスクを低くするためであると思われます。

　ただし，郵便局も含めて，金融機関は一般に防犯設備が充実し，職員も訓練を受けていることから，近年の強盗犯人のターゲットは，得られる現金が少なくても，防犯設備があまり充実していないコンビニエンスストアなどの非金融機関にシフトしているように思われます（しかしながら，最近は強盗

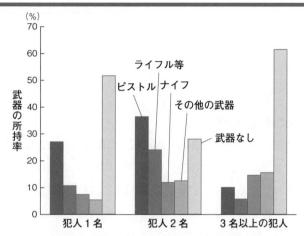

図7.5 **オーストラリアの銀行強盗における武器の種類**（Borzycki, 2003）
オーストラリア犯罪学研究所が集計した，1998～2003 年の銀行強盗において犯人
が所持していた武器の種類を犯人の人数ごとに示したもの。犯人の半数近くが実際に
は武器を持たずに強盗を行っています。持っていた場合にはピストルが多いことがわ
かります。

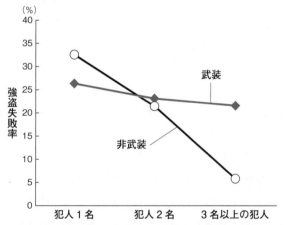

図7.6 **オーストラリアの銀行強盗における武装率と強盗失敗率**（Borzycki, 2003）
オーストラリアの強盗事件における犯人の人数，武装ごとの失敗率。単独犯が武器を
持っていなかった場合，失敗する可能性が最も大きいことがわかります。犯人が銃を
持っていた場合には，犯人の人数にかかわらず失敗率はあまり変わりませんが，持っ
ていなかった場合は人数が多いほど失敗は少ないようです。武装することが必ずしも
強盗の成功率をあげるわけではないことがわかります。

被害を減らすため，コンビニエンスストアも防犯設備を充実させる傾向にあ
ります)。

7.3 放 火

7.3.1 放火の定義と現状

放火は，住居，車，ゴミ置き場，掲示板，公園や空地などに火をつける犯
罪行為です（コラム7.3）。火は放火者のコントロールの及ばないほど大きく
なることがあり，とくに住居が対象の場合は，しばしば被害者を殺害するこ
とになる危険で凶悪な犯罪です。

7.3.2 放火犯人の分類と動機

放火犯人には，さまざまな動機や行動のものが存在します。そのため，そ
の行動を分析するには，彼らをいくつかのタイプに分類することが有効です。
越智（2013）は，放火犯を以下の8つのタイプに分類しています。

1. 性的興奮を得るための放火……スリルや性的な興奮を得るために放火す
る犯人です。このタイプは精神医学的には**ピロマニア**（pyromania）とよば
れていますが，現実にはほとんど存在しません。

2. 英雄志向による放火……自分で放火し，自分で発見者になったり，自分
で消火活動に参加したりして自作自演で「ヒーロー」になろうとするのがこ
のタイプです。犯人は自己顕示欲が強かったり，演技性人格だったりします。

3. 復讐のための放火……自分の恨んでいる相手に対する復讐や嫌がらせの
ために放火するもので，特定のターゲットを狙う場合だけでなく，社会全般
への復讐などが動機の場合もあります。犯人はあらかじめ計画を立て，入念
な準備をして犯行を行うことも少なくありません。

4. うっぷん晴らしのための放火……日常生活の中で，不満やストレスを募
らせ，そのうっぷんを晴らすために放火するタイプです。日本では都会にお
ける連続放火事件の多くがこのうっぷん晴らしの放火です（60〜70％）。う

コラム 7.3　放火事件の特徴

　放火事件は，警察の統計で見ると毎年 1,000 件程度が認知されています
が，消防の統計を見ると放火と放火の疑いの合計は 5,000 件程度になり，
大きく異なっています。これは，警察の場合，犯罪性が明らかにならない
と放火事件とカウントしないのに対して，消防の場合は原因不明の火災は，
放火か放火の疑いと分類しやすいことに起因しています。実態は消防統計
に近いと思われます。

　放火は，都市部で発生することが多く，その対象は，半分弱程度が建物
で，残りが車両や空地，公園，河川敷，ゴミ置き場などです。放火以外の
火災が日中に発生することが多いのに対して放火は夜間に発生することが
多く，とくに真夜中に発生する火災では，放火の割合が高くなります（図
7.7）。

　また，単一の対象を狙った放火は現住建造物に対して行われることが多
く，その場合，着火は室内で油類などの使用が多くなる傾向にあります。
このタイプの放火が最も危険で，死者が出る可能性が大きくなります。一
方で連続放火の場合には，現住建造物以外が対象になることが多く，ゴミ
捨て場や車両などが狙われます。

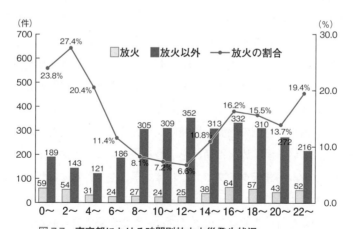

図 7.7　**東京都における時間別放火火災発生状況**
（東京消防庁「平成 30 年中の住宅火災・放火火災の実態」）

っぷんの原因の多くは人間関係に起因するものです。犯人は，夜間に自宅近くのゴミ捨て場や車やバイクのカバーなどに火をつけて回るという行動をすることがわかっています。犯人の多くは内向的で孤独です。

5. **他の犯罪の隠蔽のための放火**……侵入窃盗や殺人など，別の犯罪の後にその証拠を隠滅するために行う放火です。

6. **利得のための放火**……火災保険金を得るためなど，金銭的な利益を目的とした放火です。

7. **テロに関連した放火**……政治的，宗教的テロの手段として放火するものです。

8. **組織犯罪に関連した放火**……反社会的暴力集団などが組織犯罪の一環として放火を行う場合です。たとえば，自分たちの言いなりにならない人を脅すために放火するといった手口などが該当します。

7.3.3 少年による放火

　放火犯罪の中には少年が犯人である場合も少なくありません。スタドルニク（Stadolnik, 2000）は，少年の放火犯を4つのタイプに分類しています。第1のタイプは，**好奇心タイプ**です。これは，火に対する好奇心からの火遊びが火災に発展するもので，年齢の低い男の子に多く見られます。早い子どもでは，3歳くらいから火をつけ始めます。火をつける場所は庭や自宅周辺です。第2のタイプは，**クライシスタイプ**です。これは，家族内の問題や生活上のストレスがきっかけとなって放火を行うものです。ストレス発散というよりも家庭内での自己の危機を周囲に表現しているといった心理状態であると考えられています。放火は助けを求めるサインなのです。第3のタイプは，**バンダリズム・非行タイプ**で，これは，学校や公共物に非行行為として火を放つものです。最後のタイプは，**病理タイプ**です。これは，反復して危険性の高い放火を行います。このタイプは，予後が悪く放火癖が持続します。また，サイコパス特性とも関連があると指摘されています。放火を行った子どもをアセスメントしていく場合，放火が一時的で常習性のないものなのか，

コラム 7.4　焼身自殺としての放火

　放火事件の中には，自殺として自ら灯油やガソリンなどの可燃物をかぶって火をつけるタイプがあります。自殺は室内で行われることが多いですが，延焼することによって他人が死傷する場合も少なくありません。また，自宅以外の場所で焼身自殺が行われる場合には，社会に対する復讐や抗議などの動機が存在することもあります。たとえば，2015 年 6 月 30 日午前 11 時半頃，新横浜—小田原間を走行していた新幹線のぞみ号の車内で東京都在住の 71 歳の男性が車内でガソリンをかぶり，ライターで火をつける事件が発生しました。乗務員が消火器で消し止めましたが，焼身自殺を試みた本人のほか，巻き添えで 1 人の女性が死亡し，煙を吸い込むなどして 28 人が負傷しました。この事件の背景には，犯人の社会に対する漠然とした不満や怒りがあったのではないかと指摘されています。

コラム 7.5　ホワイトカラー犯罪のケース――ロッキード事件

　ロッキード社はアメリカの大手の航空機製造会社でした。ロッキード社は，ワイドボディの新型航空機ロッキード L-1011 トライスターを開発しましたが，マクダネル・ダグラス社製のライバル機，DC-10 に対して売上げを伸ばすことができずにいました。当時，日本の大手航空会社である全日空は，札幌での冬季オリンピック開催に備えて新型機種を導入しようとしていましたが，その候補もトライスターではなく，DC-10 でした。ところが，DC-10 導入を進めていた全日空の社長が，突然，社を追われ，土壇場でトライスターを導入することになりました。

　その後，1976 年にアメリカの上院外交委員会の公聴会で，じつはこのとき，トライスターを日本に導入させるために，1,000 万ドルもの工作資金が使用されていたことが明らかになりました。この資金の流れを調査したところ，ロッキード社から商社の丸紅を通じて総理大臣の田中角栄に 5 億円がわたっていたことがわかったのです。その結果，元総理大臣であった田中は，「受託収賄罪（職務上の権限に対して公務員が便宜を図る見返りに賄賂を受け取る行為のこと。この場合，トライスターの導入を働きかけたことが便宜にあたる）」と「外為法違反」で逮捕され，1983 年 10 月に東京地裁は田中被告に懲役 4 年，追徴金 5 億円の実刑判決を下しました。

それとも常習性のある危険なものなのかを識別していくことが必要です。サクヘイムとオズボーンは，子どもの放火がどのタイプなのかをアセスメントするためのスクリーニングテストを作成しています（Sakheim & Osborn, 1999）。

7.4　ホワイトカラー犯罪

7.4.1　ホワイトカラー犯罪とは何か

　ホワイトカラー犯罪（white collar crime）という概念は，サザランド（Sutherland, E. H.）によって提唱されたものです。当時，犯罪は，その大部分が下層階級の経済的に恵まれない人々によって起こされるとされていました。

　ここでいう犯罪とは，窃盗，傷害や暴行のような「誰でもできる」ものでした。確かに，これらの犯罪は，下層階級の人々によって引き起こされることが多いのです。しかし，実際には，犯罪はこのような社会階級の人々だけが引き起こすものではありません。収賄，背任，横領や脱税などはむしろ，社会的に尊敬され，高い地位を占めている実業家，政治家や公務員などによって引き起こされるものです。サザランドは，このようなタイプの犯罪に関しても研究を進めていくべきだと考えたのです。このような犯罪をホワイトカラー犯罪といいます。

7.4.2　ホワイトカラー犯罪の特性

　そもそも犯罪を定義したり，法律を作るのは，ホワイトカラー層であるため，ホワイトカラー犯罪はそもそも「犯罪」とされにくいという特徴を持っています。また，犯罪とされても罪が軽かったり，見逃されてしまうことが多いのも事実です。たとえば，近年の証券取引をめぐる犯罪の中には10億ドル以上の損害を出すようなものもあります。このような犯罪は，侵入窃盗と比べれば桁違いの被害金額であり，多くの人々を苦しめているにもかかわらず，裁判になってもその量刑は普通の侵入窃盗とほとんど変わらないのが

コラム 7.6　サイバー犯罪

　近年，コンピュータやインターネットの発達に伴って，これらを利用した犯罪が急増しています。これをサイバー犯罪といいます。

　サイバー犯罪には大きく分けて3つの種類があります。1つめは，コンピュータ・電磁的記録対象犯罪といわれるものです。これにはコンピュータや電子記録を破壊したり，ネット上での業務を妨害すること，コンピュータウィルスを作り出すこと，銀行等の口座への不正入金などが含まれます。2つめは，不正アクセス禁止法違反です。これは，他人のIDやパスワードを利用し，本来自分に権限のない行為，たとえば個人情報の入手やデータベースの改変，セキュリティホールへの攻撃などを行うことです。3つめはコンピュータネットワーク利用犯罪で，これは，児童ポルノの配布やストーキング，詐欺，脅迫などをインターネット上で行う犯罪です。

　サイバー犯罪というと高度なテクノロジーを使用した犯罪が思い浮かびますが，実際のサイバー犯罪のほとんどは非常にローテクな方法で行われています。たとえば，不正アクセスのために必要なIDやパスワードのほとんどはのぞき見（ショルダーハッキング）や不用意にメモしてある情報の読み取り，あるいはシステム管理者への「パスワードを忘れてしまった」という電話での問い合わせなどによってなされます。これらのテクニックをソーシャルハッキングといいます。

　一方で，ある程度高度なテクノロジーを使用した犯罪も存在します。代表的なものとしては，DoS攻撃（Denial of Service attack）やSQLインジェクションがあります。DoS攻撃は，サーバーなどのネットワークを構成する機器に対してアクセスを集中し，サーバーに負荷をかけ，システムを使用困難にしたり，システムダウンさせる業務妨害手法です。SQLインジェクションは，データベースの入力部分にプログラム言語と誤って解釈されるような文字列を埋め込んで，不正な処理をさせる攻撃手法です。この手口を使って，ソニーが攻撃されたことから有名になりました。

現状です。

　ホワイトカラー犯罪は，「被害者なき犯罪」であるといわれることもあります。しかし，官僚や公務員が行う場合には，税金が無駄に使用されたり，また，会社ぐるみでの犯罪では証券市場などに混乱を引き起こすこともあり，経済的な損失はむしろ大きいことも少なくありません。「被害者なき犯罪」などではないのです。

　また，ホワイトカラー犯罪は，企業や役所というシステムの中で慣行として行われていることがあり，犯人も罪悪感を持たずに行っていることがあります（表7.2）。たとえ犯罪に荷担したくなくとも，雇用を握られている一従業員の立場では，組織の慣行に逆らうことができないので，不本意ながら犯罪に荷担してしまうこともあります。しかしながら，実際，不正が発覚すると企業はその個人が勝手にやったことであるとして，いわゆる「とかげのしっぽ切り」をするのが通例です。この場合，犯罪は根絶されず形を変えて持続していきます。

7.4.3　ホワイトカラー犯罪と内部告発制度

　ホワイトカラー犯罪は，組織ぐるみで行われることも多いので，発覚しにくいのが現実です。そこで，**内部告発制度**が社会的に整備されつつあります。たとえば，アメリカでは1989年に「内部告発者保護法（Whistleblower Protection Act）」が，イギリスでは1998年に「公益開示法（Public Interest Disclosure Act）」が制定されています。日本では，これに相当する法律として，2004年に「公益通報者保護法」が成立しました。しかし，現実には内部告発をしたものは組織から「裏切り者」として認知され，解雇されたり，報復的な人事を受けることがあります。このような制度を実効性のあるものにしていくためにはさらなる検討が必要でしょう。

コラム 7.7　　サイバー犯罪のケース――ケビン・ミトニック

　ケビン・ミトニック（Kevin Mitnick）は，伝説のハッカー（クラッカー）といわれるコンピュータ犯罪者です。彼の手口は，基本的にはソーシャル・ハッキングです。彼は，1990年代前半に富士通，モトローラ社，サン・マイクロシステムズ社などのシステムに侵入したり，カリフォルニア大学サンディエゴ校のスーパー・コンピュータ・センターに対して，DoS攻撃の一種であるSYNフラッド攻撃を行ったことで有名です。最終的には，日本人の研究者下村 努の活躍などもあり，FBIによって検挙され，合計5年間にわたって，連邦刑務所に服役しました。彼は，現在では，その腕を生かして，セキュリティ会社の顧問をしています。彼は人々がパスワードを含む個人情報管理にあまりにも無頓着であることを重ねて警告しています。ちなみに彼は，1995〜2003年の間，コンピュータの使用を禁止されていましたが，2003年にその使用が解禁され，インターネットに8年ぶりに触れたときの様子は世界的なニュースにもなりました。

表 7.2　民間企業におけるホワイトカラー犯罪の種類
（青野，2019などを基に作成）

販売管理プロセス	：売上代金回収の着服
外注管理プロセス	：架空外注費の支払
販売，発注管理プロセス	：バックリベート，不当廉価販売
経理業務プロセス	：粉飾決算，循環取引
現金，預金管理プロセス	：小口現金着服
経費管理プロセス	：経費水増
資産管理プロセス	：棚卸品の横流し
情報管理プロセス	：情報漏えい

民間企業においても経営のさまざまなフェイズ・プロセスにおいて不正行為・犯罪が行われます。

参考図書

バートル，C. R.・バートル，A. M.　羽生 和紀（監訳）横井 幸久・田口 真二（編訳）（2006）．犯罪心理学——行動科学のアプローチ——　北大路書房
　とても厚い本ですが，それだけにさまざまな犯罪について詳しく解説されています。
越智 啓太・桐生 正幸（編著）（2017）．テキスト 司法・犯罪心理学　北大路書房
　窃盗，強盗，放火をはじめあらゆる犯罪についての心理学研究が詳しくまとめられています。

キーワード

窃盗，侵入窃盗，表出的侵入窃盗，ピッキング，内部窃盗，万引き，クリプトマニア，特殊詐欺，強盗，プロフェッショナルタイプ，盗賊タイプ，カウボーイタイプ，路上強盗，銀行強盗，金融機関強盗，放火，放火犯人，放火事件，ピロマニア，性的興奮を得るための放火，英雄志向による放火，復讐のための放火，うっぷん晴らしのための放火，他の犯罪の隠蔽のための放火，利得のための放火，テロに関連した放火，組織犯罪に関連した放火，少年による放火，好奇心タイプ，クライシスタイプ，バンダリズム・非行タイプ，病理タイプ，ホワイトカラー犯罪，サイバー犯罪，ソーシャルハッキング，DoS 攻撃，内部告発制度

予習問題

　次の各犯罪について，現在の日本における発生状況と傾向，犯行の特徴などについてまとめて下さい。
①侵入窃盗，②万引き，③強盗，④放火，⑤サイバー犯罪

第 **8** 章

犯 罪 捜 査

　犯罪捜査の心理学は，心理学の知識を使って犯人を見つけ出し検挙することを支援する犯罪心理学の一分野です。具体的には，犯人の行動の予測，犯人の属性の推定，犯人の嘘の見破り，人質交渉などについての研究と実践を行います。アメリカの警察をはじめ，現在では日本の警察においても，これらの手法が犯罪捜査に役立てられています。

8.1 プロファイリング

8.1.1 プロファイリングの誕生

　プロファイリング（profiling）は，アメリカ連邦捜査局（FBI）で開発された捜査方法で，犯行現場の状況や現場での犯人の行動から，犯人の年齢や職業，精神疾患の有無などその属性を推定していく技術です。

　プロファイリングは当初，連続殺人事件の捜査に用いるために開発されました。というのは，連続殺人事件の捜査がきわめて困難だったからです。普通の殺人事件であれば，犯人はだいたい，恨みを持っている相手，たとえば，恋愛関係がもつれている人や金銭関係のトラブルを抱えている人を殺害します。そのため，捜査も被害者を恨んでいそうな人物を捜していくという方法が中心になります。ところが，連続殺人犯人の多くは，事件以前に面識のない，その日にはじめて出会った人を殺害することが多く，それゆえ，従来のように恨みを持った人を探していく捜査方法では犯人にたどり着くことができなかったからです。

8.1.2 秩序型連続殺人犯人と無秩序型連続殺人犯人

　FBIは，連続殺人事件のプロファイリング技術を開発するにあたって，まず，当時検挙され，アメリカの各地の刑務所に入っていた連続殺人犯人と性的な動機で殺人を犯した性的殺人犯人36人のデータを詳細に分析しました。また，その中の何人かには実際に面接調査をしました。その結果，まず，連続殺人事件の事件現場の特徴は，大きく2つのタイプに分類されることがわかりました。一つは，遺体や証拠は現場から持ち去られ，凶器や犯行道具は事前に用意され，現場も片づけられている，計画されコントロールされたものでした。もう一つは，犯人が遺体や証拠を現場に残し，現場は汚く，凶器は現場で調達したものを使用するなどの特徴が見られ，どちらかといえば，無計画でいきあたりばったりのようなものでした。FBIは，前者のタイプを秩序型，後者のタイプを無秩序型と名づけました（表8.1）。

表 8.1 **秩序型と無秩序型の犯行現場と犯人属性** (Ressler et al., 1988)

【秩序型犯人と無秩序型犯人の犯行形態の違い】

秩 序 型	無 秩 序 型
• 計画的犯行	• 偶発的犯行
• 好みのタイプの被害者（ただし，知人ではない）	• 被害者または現場を知っている（被害者を選択したわけではない）
• 被害者を操作する	• 被害者を物として扱う
• 会話は慎重	• 会話はない
• 整然とした犯行現場	• 混乱した犯行現場
• 被害者を服従させる	• 被害者を突然襲う
• 自制心あり	• 自制心なし
• 殺す前にサディスティックな行為	• 殺した後に性的行為
• 遺体を隠蔽する	• 遺体はそのまま
• 凶器や証拠を残さない	• 凶器や証拠を残したまま
• 被害者を接触場所から犯行現場へ，遺体を隠蔽の場へと移動	• 接触場所，犯行現場，遺体の場所はすべて同一

【秩序型犯人と無秩序型犯人の犯人像の違い】

特 徴	秩 序 型	無 秩 序 型
知能	平均または上	平均以下
社会的能力	あり	なし
職業	熟練を要する仕事を好む	熟練を要しない仕事
性的能力	あり	なし
出生順位	長男が多い	末子が多い
父親の職業	安定	不安定
幼少期のしつけ	一貫していない	厳格
犯行時の感情	統制されている	不安感
犯行時の飲酒	あり	なし
原因のストレス	あり	なし
居住状況	配偶者または愛人と同居	独居
移動性，車	移動性高い，よい車	現場近くに居住または職場あり
事件のニュース	興味あり	興味なし
犯行後	転職，転居	目立つ行動変化（薬物使用，飲酒，宗教への傾倒等）

　次に，わかったのは「秩序型」の行動をする犯人と，「無秩序型」の行動
をする犯人は，それぞれ異なった属性を持っているということでした（表
8.1 参照）。秩序型の犯人は知能水準が高く，職に就いており，配偶者もいる
ことが多いのに対して，無秩序型の犯人は，知能水準が低く，無職で，一人
暮らしなどの特徴があることが多かったのです。これは，非常に興味深い現
象でした。なぜなら，このような関係があるとするならば，連続殺人事件に
おいては犯行現場を見て，その現場が秩序型なのか無秩序型なのかを判断す
れば，犯人の属性を推定できるからです。これが FBI のプロファイリングの
基本的な方法です。連続殺人事件から出発したプロファイリング技術ですが，
現在では子どもに対する性犯罪，レイプ，放火，テロリズムなどさまざまな
犯罪に応用されています。

8.1.3　プロファイリングの問題点

　さて，テレビや映画でも取り上げられて，一見華々しいプロファイリング
技術ですが，FBI は，当初からその問題点を認識していました。それは秩序
型，無秩序型などのカテゴリーにあてはまらない犯罪が少なからず存在して
いるという点です。たとえば，「被害者を会話で誘導してその後，銃で頭を
撃って殺す」ような連続殺人事件では，被害者と会話している点では秩序型
の特徴を持っていますが，銃で頭を撃って殺害するというのはどちらかとい
えば無秩序型の行動です。このようなタイプは，秩序型—無秩序型の 2 つの
カテゴリーに犯人を分類する，という方法論では犯人を推定することがなか
なか困難です。FBI は，このようなタイプを混合型と名づけていますが，混
合型をどのように分析するのかは，結局のところ，その場その場でプロファ
イラーが自分たちの経験で推測していくしかなかったのです。

8.1.4　リヴァプール方式のプロファイリング

　FBI のプロファイリングとは独立して作られた方法として，イギリスのリ
ヴァプール大学のカンター（Canter, D.）が開発したアプローチがあります

コラム 8.1 　秩序型連続殺人犯人のケース──ロバート・ハンセン

　ロバート・ハンセン（Robert Hansen）は，少なくとも 17 人の売春婦を殺害した連続殺人犯人です。彼は，1939 年にアイオワ州で生まれました。高校卒業後，陸軍に入隊し，その後，除隊してアラスカ州アンカレッジに移り住みました。彼はそこで，連続殺人を行いました。彼の手口は次のようなものでした。まず，売春婦やトップレスダンサーをターゲットにして，彼女らを買った後，部屋に連れ込んで，手錠をかけ，レイプします。そして，彼女らを自家用飛行機に乗せて山奥まで運んでいきます。そこで，被害者を森の中に放ち，自分はライフル銃やナイフを使って彼女たちを「人間狩り」したのです。一人の被害者が彼に飛行機に乗せられそうになったとき，手錠のまま脱出することに成功して，事件が明るみに出ました。彼の自宅を捜索したところ，4 名の遺体を埋めた地点が書かれた地図が発見されました。そこには，さらに 10 個以上の印もつけられていました。彼ははじめは犯行を否認していましたが，最終的には司法取引によって 4 件の殺人について自供し，裁判で 461 年の刑がいいわたされました。

コラム 8.2 　無秩序型殺人犯人のケース──ハーバート・マリン

　ハーバート・マリン（Herbert Mullin）は，1972〜73 年にかけて，13 人を殺害した連続殺人犯人です。彼は，妄想性の精神疾患にかかり，妄想を構築し始めます。彼の妄想の内容は，アルバート・アインシュタイン博士が自分を特別な人間として選び出し，世界を救済するために，人間を殺し続けるように自分に命令したというものでした。彼は，この妄想に従い，まずヒッチハイクをしていた 55 歳のホームレスをバットで殴って殺害します。続いてやはりヒッチハイクをしていた 24 歳の女性を車の中でめった刺しにして殺害し，腹を割いた後で遺体を車から捨てました。その後，神父や麻薬密売人，子どもなどを次々に殺害していきました。最終的には，目撃証言などがきっかけとなって検挙され，終身刑がいいわたされました。

（図8.1）。FBIのプロファイリングが犯人をいくつかのカテゴリーに分類し，具体的な事件をそれにあてはめていくという形をとっていたのに対して，**リヴァプール方式のプロファイリング**は，高度な統計手法を用いて犯人の行動を解析し，それを基に犯行形態を分類したり，複数の事件について同一の犯人が行ったものかどうかを推定したり，犯人の属性を予測したりします。

　このアプローチではまず，数多くの犯行現場の特徴についてのデータベースを作成します。たとえば，連続殺人事件の場合を考えてみましょう。犯行現場で犯人はさまざまな行動をとりますが，個々の事件ごとに犯人がどのような行動をとったのかをリスト化するのです。具体的には，「遺体をばらばらにする」「被害者に猿ぐつわをする」「のどを裂く」「その場にあった凶器を使う」などの行動です。次に，これらの項目が同時に起こりやすいかどうかを計算します。その結果を基に，同時に起きやすい行動は近くに，あまり同時に起こらない行動は離して，2次元の空間上にそれぞれをマッピングします（図8.1）。たとえば，「遺体をばらばらにする」という行動が「遺体の一部を持ち去る」という行動と一緒に起こりやすければ近くに，「遺体をばらばらにする」と「被害者の家の中をくまなく探索する」という行動が同時に生じにくいのであれば，遠くに配置します。このマップを使ってプロファイリングを行っていくのです。

　このマップは同時にとられやすい行動同士が近くに配置されることになるので，ある犯人がある事件でとった行動をチェックするとその範囲は，だいたいまとまっていきます。今，ある町で複数の事件が発生していた場合，それぞれの事件の犯人の行動をこのマップ上にチェックしていけば，重なりの大きい事件は同一犯人が行った可能性があるのではないかと推測することができます。また，重なりが小さければ別の犯人の犯行である可能性が強くなります。これを**リンク分析**といいます。また，上記の分析では「遺体をばらばらにする」などの犯人のとった行動のみを基にマッピングを行いましたが，それに加えて「犯人は20代である」とか「犯人は無職である」などの情報も用いてマッピングを行えば，犯行の状況から犯人の属性を推定することも

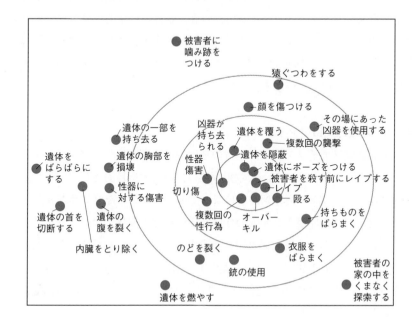

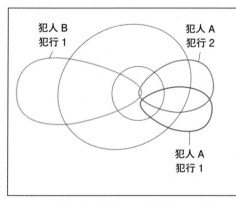

カンターによる連続殺人犯人の行動のマッピング。犯人がとった行動をチェックし囲むと，同一犯人が起こした事件は重なりが大きくなることが予想されます。

図 8.1　リヴァプール方式による連続殺人のプロファイリング

可能になります。この方法は，FBI の方式に比べて非常に柔軟で，さまざま
な手法を開発することが可能であり，現在，世界で標準的なプロファイリン
グの方法となっています。日本の警察では，警察庁科学警察研究所と警視庁，
各道府県警の科学捜査研究所がプロファイリングを行っていますが，基本的
にはこの方法を用いています。

8.1.5　地理的プロファイリング

　地理的プロファイリングは，犯行の地理的情報を基にしたプロファイリン
グで，犯人の住居の推定や，次の犯行地の推定などを目的としています。地
理的プロファイリングもカンターによって開発されました（コラム 8.3）。彼
は，連続犯罪の犯罪場所と犯人の住居や活動拠点の関係について分析しまし
た。そして，一連の連続犯罪の犯行地点を結ぶ最も長い線を直径とした円を
描いたとき，犯人の住居（あるいは拠点）はその中に存在するという**円仮説**
を提案しました。この円仮説は放火事件に関してはだいたい 70％程度あて
はまるということがわかっています。

　円仮説の問題点は，探索しなければならない地点が広大になってしまうと
いうことです。そこで，より，焦点をしぼって拠点を明らかにする方法を開
発する必要性が出てきました。一つの工夫として**凸包ポリゴンモデル**があり
ます。これは犯行地点の外側を結ぶ点の内側に犯人の住居があるというモデ
ルです。多くの場合に円仮説の予測よりも範囲が狭くなることが知られてい
ます。他にも，円の中心に犯人の住居があると予測する**円心モデル**や，複数
ある犯行現場の重心を中心として，「犯行地点から重心までの距離の平均」
を半径とする円の内側に犯人の住居があるとする福島県警の三本ら（1999）
による**疑惑領域モデル**などが提案されています。

コラム 8.3	放火犯の地理的プロファイリング

　カンターの円仮説は，連続犯罪において最も離れた2つの犯行地点を結び，それを直径とした円内に犯人の住居があるという仮説です。連続放火事件で彼の仮説が成り立つかどうかを調べた研究として，鈴木 (2004) のものがあります。彼は，首都圏で発生した5件以上の放火を行った107人の連続殺人犯人のデータを使用して，この仮説が成り立つかどうかを検討しました。その結果，円仮説が成立したのは全体の50.5％，設定された円に犯人の住居が近接していたのが21.5％，円仮説が成立していなかったのが28.0％であり，全体の約70％で円仮説がほぼあてはまることがわかりました。また，犯行現場間の最長距離（つまり直径）の大きさが違っても円仮説が成立するかどうかを検討したところ，以下のような結果が得られました。つまり，円の大きさが大きすぎる場合と小さすぎる場合には円仮説は比較的あてはまりにくく，中程度のときに最もよくあてはまるということです。とくに犯行現場間の距離が1,000m以上5,000m以下では80％以上があてはまりました（図8.2）。

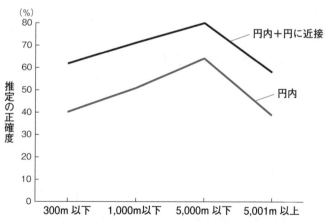

図 8.2　犯行現場間の距離ごとに集計した円仮説の正確度
（鈴木，2004）

8.2 ポリグラフ検査

8.2.1 ポリグラフ検査とは

　ポリグラフ（polygraph）とは，人間の生理的な指標を測定する装置のことをさします。犯罪心理学の文脈の中でポリグラフ検査（polygraph test）といえば，一般にこの装置を使って，被疑者がウソをついているかどうか判断するための一連の手続きのことをさします。ポリグラフ検査では，呼吸波，脈波（血圧，指尖脈波），皮膚電気反応などの末梢神経系の指標が用いられるのが一般的です。

　もし，人がウソをついたときに生じる特有の末梢神経系の生理的な反応が存在するのであれば，事件について質問したときにそのような反応が現れるかどうかを基準にして，検査を行っていけばよいのですが，現実にはこのような反応はありません。したがって，「あなたは A さんを殺しましたか」とか「あなたは会社の金庫からお金を盗みましたか」などの直接的な質問をしてウソを見破ることはできません。そこで，さまざまな質問法と組み合わせて，ウソを発見するためのテクニックが開発されてきました。

8.2.2 ポリグラフ検査の質問法：CIT

　このようにして開発された質問方法として，CIT（Concealed Information Test；隠匿情報検査）があります。これは，犯人ならば知っているが，それ以外の人は知らないはずの情報を用いて犯人であるかどうかを識別しようとする方法です（コラム 8.4 参照）。たとえば，殺人事件が発生して犯人が被害者の遺体をベッドの下に隠して逃走したとしましょう。警察は，この事件を捜査するときに遺体がどこにあったのかという情報についてマスコミなどに公開しないで捜査をすすめます。さて，今，この事件の被疑者が浮かんできたとします。検査では，最初に被疑者に「遺体がどこにあったか知っているか」を尋ねます。この情報はマスコミでは報道されていないわけですから，おそらく，この被疑者も「そんなことは知らない」というでしょう。そこで，

コラム 8.4　ポリグラフ検査の正確性

　ポリグラフ検査では直接「ウソ」を検出することはできないので，さまざまな工夫をして，ウソを見破っています。アメリカでは **CQT**（コントロール質問法）という方法が用いられています。これは，「あなたは会社の金庫からお金を盗みましたか」などの事件に関する質問と，「いままで警察に捕まるとまずいことを何かしていますか」という質問の両方を行い，その反応の大きさを比較する方法です。前者の質問への反応が大きい場合，クロの可能性ありと判断します。この方法を実験的に行った場合，どの程度，正確に犯人を識別できるかを調べたのが以下の表です（**表8.2**）。これは犯人でない人を誤って「犯人」であるとしてしまう危険性が大きい方法だということがわかります。これに対して，**表8.3**は日本の警察で行った実務検査の正確性を示すものです。方法は **CIT** を使用しています。CQT を使ったものに比べて正確性が大きく向上しているのがわかります。

表8.2　CQT（コントロール質問法）の正確性
(Raskin & Honts, 2002)

		検査結果	
		犯　　人	犯人ではない
実際	犯人（90人）	98%（89人）	2%（1人）
	犯人ではない（71人）	25%（12人）	75%（59人）

表8.3　日本における犯罪捜査実務でのポリグラフ検査の正確性
(疋田，1971)

		検査結果	
		犯　　人	犯人ではない
実際	犯人（234人）	91.9%（215人）	8.1%（19人）
	犯人ではない（932人）	0.4%（4人）	99.6%（928人）

この状態でこの被疑者に対して，次のような一連の質問を行っていきます。
つまり，

　　「犯人は遺体を，クローゼットに隠しましたか」（非裁決質問）

　　「犯人は遺体を，風呂場に隠しましたか」（非裁決質問）

　　「犯人は遺体を，ベッドの下に隠しましたか」（裁決質問）

　　「犯人は遺体を，押し入れに隠しましたか」（非裁決質問）

　　「犯人は遺体を，車の中に隠しましたか」（非裁決質問）

　もし，被疑者が犯人でないとすれば，答えを知らないはずなのですべての
質問に「わかりません」と答え，どの質問でも生理的な反応は変わらないは
ずです。ところが被疑者が真犯人であるとすれば，「ベッドの下」の質問に
対して緊張度が上がることが考えられ，それが自律神経系の反応の変化を通
して，ポリグラフに現れてくる可能性があります。ポリグラフの検査官は，
この違いを反応から読みとっていきます。これが CIT の判断ロジックです。
実際の事件に適用する場合には，遺体の隠し場所以外にも凶器の種類やその
捨て場所，殺害方法，侵入口や部屋の様子などさまざまな観点から質問を構
成し，それぞれの質問で一貫して裁決質問に反応が出るとすれば，その被疑
者は犯人である可能性が高いということになります。

8.2.3　中枢神経系指標を用いたポリグラフ検査

　これまで述べてきたようなポリグラフ検査は，脈派や皮膚電気反射などの
末梢神経系の反応を用いたものでした。しかし，**脳波**などの中枢神経系の指
標を用いて分析したほうが，正確な虚偽検出ができるのではないでしょうか。

　脳波にはさまざまなものがありますが，その中の一つに**事象関連電位**
（event-related potential）があります。これは，思考や知覚などある出来事が
発生したときにその脳の活動として現れてくる脳波のことです。とくに，被
検査者にとって有意味な事柄が知覚されたときに発生する P300（潜時 250〜
700ms の長潜時陽性電位）という事象関連電位を使ってポリグラフ検査を行
う方法が開発されています。その方法は，末梢神経系を用いたポリグラフ検

コラム 8.5　動作からウソを見破ることができるか

　古くから，動作などのノンバーバル手がかりを基にウソを見破ることができるのではないかという研究が行われてきました。この種の研究では，意図的にウソをつかせた人と本当のことを言っている人に行動の違いが生じるか否かを調べます。研究の結果，ウソと結びついているいくつかの手がかりの候補が見つかってきました。たとえば，ウソをついているときは，声のピッチが高くなる，会話のポーズが長くなる，手足の動作が少なくなる，顔面の皮膚温が変化するなどです（Pavlidis et al., 2002）。しかしながら，これらの手がかりも多くのデータをとって分析してみると統計的には有意な差がかろうじて示されるという程度のものであり，その特徴が見られたからといってウソをついていると判断することはできないようなものでした。また，これらの手がかりは，いずれもウソそのものから発しているわけでなく，ウソをつくことによる緊張から発するものでした。それゆえ，その手がかりが現れたとしても，それが，ウソによって生じているものなのか，それとも単に緊張によって生じているものなのかについても明らかではないのです。現在のところ，ウソを動作から判断することはほぼ不可能であるといってよいでしょう（表8.4）。

表8.4　ノンバーバル手がかりとウソに関する研究のまとめ
（Vrij, 2000 を基に作成）

	言いよどみ	言い間違い	声のピッチ	声のスピード	返答までの時間	会話中の沈黙	沈黙の頻度	相手の凝視	笑い	自分の体をふれる	まばたき
差がない	16	13	5	12	9	2	8	16	27	22	7
増加する	6	13	7	7	7	4	2	2	1	5	0
減少する	4	2	0	5	8	0	2	6	2	4	0

ヴリジは，人がウソをついているときとついていないときでノンバーバル手がかりに違いがあるかどうかを調べた今までの研究をまとめています。以上の表の数字は，それぞれの結果を出した研究の数を意味します。この表から，はっきりとした結果が得られていないことがわかります。

査における CIT と同様です。つまり，犯罪についての知識を持たない被検査者（つまり犯人でないもの）は裁決と非裁決質問が区別できないはずなので，裁決質問と非裁決質問における P300 の出現とその大きさは，変わりません。ところが，犯人にとっては，裁決刺激は非裁決刺激に比べて有意味性が高いので，より大きな P300 が生じるというロジックです（平ら，1989；Boaz et al., 1991）。

　最近では，事象関連電位よりも空間的分解能がすぐれた，**機能的磁気共鳴画像（fMRI）や機能的近赤外分光法（fNIRS）**を使用した虚偽検出の研究が行われています。これらの研究では，CIT のような裁決質問と非裁決質問で異なった反応が見られるかどうかを調べる検査だけでなく，ウソをついていることを直接，脳の働きから検出しようとすることも試みられています。しかし，現在のところこの方法はまだ開発途上であり，犯罪捜査に使用できるような技術にはなっていません。

8.3 目 撃 証 言

8.3.1 目撃証言の変容と事後情報効果

　犯罪捜査において，**目撃者の証言（eyewitness testimony）**は非常に重要な手がかりの一つです。しかし，近年，目撃証言はわれわれが考えるほど正確なものではないということが，さまざまな実験研究によって明らかになってきました。

　この問題についての研究の第一人者といえば，カリフォルニア大学の心理学者ロフタス（Loftus, E. F.）です。彼女は，目撃者の記憶は，目撃後に入ってきた情報によって容易に変化してしまうということを示しました。

　たとえば，彼女は，目撃者に質問するときに用いる言葉によって証言内容が大きく異なってしまうという実験を行っています。実験参加者に交通事故を描いたフィルムを見せ，その後で，「その車が激突した（smashed）ときのスピードはどのくらいでしたか」と尋ねる場合と，「その車がぶつかった

表 8.5 **質問に用いた動詞と推定スピード**
(Loftus & Palmer, 1974)

動　　詞	速度（mph）
smashed（激突した）	40.5
collided（衝突した）	39.3
bumped（ドスンとやった）	38.1
hit（ぶつかった）	34.0
contact（接触した）	31.8

ロフタスは，実験参加者に車が事故に遭うというフィルムを見せ，その後で，その車の出していたスピードについて質問しました。その結果，質問のときに使用した動詞によって，回答が影響を受けることが明らかになりました。それだけでなく，この質問は，車のフロントガラスが割れていたかどうかの記憶にも影響することが明らかになりました（表 8.6 参照）。

表 8.6 **質問に用いた動詞と「割れたガラスを見ましたか」という質問の答え**（Loftus & Palmer, 1974）

	smashed	hit	統制群
はい	32%	14%	12%
いいえ	68%	86%	88%

実際には，ガラスは割れていません。
smashed を使って質問された場合，車のガラスが割れていたと証言する人が増加しました。

(hit) ときのスピードはどのくらいでしたか」と尋ねる場合では，同じフィルムを見ていた人でも答えが大きく異なってしまいました（表8.5 参照）。

興味深いのは，続けて「車のガラスが割れたのを見ましたか？」と聞くと，実際には割れていなかったにもかかわらず，「激突した（smashed）」という言葉を聞いた人々の32％が「見た」と答えた点です。これに対して「ぶつかった（hit）」と聞いた人々は，14％しか「見た」と答えなかったのです（表8.6 参照）。これは，事件の後の取調べで用いたちょっとしたいい回しの違いが，記憶自体を変えてしまう可能性があることを示しています。

8.3.2 子どもの目撃証言

目撃証言に関してさらに大きな問題となってくるのは，目撃者が子どもだった場合です。子どもも実際，さまざまな事件で目撃者となったり被害者となったりします。とくに，子どもに対する性犯罪や子ども虐待の捜査においては子どもの証言が唯一の捜査手がかりや証拠となる場合もありますので，その特徴を理解しておくことは重要です。

子どもの証言の最大の問題は，子どもは被誘導性（suggestibility）が高い，つまり，誘導的な質問によって証言が変わってしまう可能性があるということです（コラム8.6）。たとえば，性犯罪にあった子どもに適当な写真を見せて，「この人がやったんでしょう？」と聞くと，はじめは否定していても，何回か重ねて聞くと「はい」と言ってしまうことがあります。また，子どもは質問に対して答えなくてはならないと感じて，適当な答えをしてしまったり，逆に自分が答えることができる質問に対しても「わからない」と言ってしまうこともあります。このような状況に対処するために，さまざまな国で子どもから適切な証言をとるためのインタビュー方法が開発されています。

8.3.3 高齢者の目撃証言

近年，社会の高齢化とともに高齢者が被害者，目撃者となる事件も増加しています。では，高齢者の証言は信用できるのでしょうか。高齢者の日常的

コラム 8.6	子どもの証言の特徴

　グッドマンとリードは，子どもの証言の特徴を把握するための実験を行いました（Goodman & Reed, 1986）。実験に参加したのは，3歳児，6歳児，そして成人です。実験参加者に5分間程度，実験室で男性の実験者とともに腕の運動などいくつかの課題をこなしてもらい，その4～5日後にそこであった出来事について，さまざまな方法で質問しました。結果を表8.7に示します。「男の人の髪の毛の色は何色でしたか」などの客観的な質問については年齢差はあまり見られませんでしたが，「男の人はセーターを着ていた？（実際は着ていない）」などの誘導的な質問につられてしまう程度や，自由再生で思い出せる項目などに大きな年齢の効果が見られました。つまり，子どもの証言の弱点は自由再生が難しいこと，誘導に引っかかってしまいやすいことだということがわかります。

表8.7　グッドマンとリードの研究の結果
(Goodman & Reed, 1986)

	3歳児	6歳児	成人
客観的な質問 （17問中正解数）	10.00	11.75	12.68
誘導的な質問 （4問中正解数）	1.35	2.21	3.06
自由再生 （正再生項目数）	0.83	5.50	17.68
自由再生 （誤った再生項目数）	0.61	0.91	2.25
写真同定 （正答率）	0.38	0.93	0.75

な場面での記憶パフォーマンス自体は年齢とともにそれほど大きく低下する
わけではないということがわかっていますが，いくつかの特有な問題が生じ
ることが指摘されています（コラム 8.7）。一つは，ソース・モニタリングの
エラーの増加です。これは「見たもの」自体は記憶しているのですが，それ
を「どこで見たのか」をおぼえていないという現象です。これは，事件現場
でない場所で見た人物を現場で見たと証言してしまう可能性があることを意
味します。もう一つは，被誘導性の問題です。高齢者はものを思い出すとき
に外部の手がかりを使用することに慣れているので，質問者のノンバーバル
な反応や会話のパターンから質問者の期待しているような回答を読み取り，
それに迎合した発言をしてしまう可能性があります。これも誤った証言を作
り出す原因となります。

8.4 取 調 べ

8.4.1 取調べ研究のはじまり

　被疑者の取調べ方法には，長い間マニュアルがありませんでした。捜査員
は先輩捜査員の取調べを見ながら職人芸のようにその技術を身につけていっ
たのです。そのような中で，はじめて取調べのテクニックを体系化したのが，
インボーら（Inbau et al., 1986）です。彼らの『尋問と自白（*Criminal inter-
rogation and confessions*)』という本は，取調べのバイブルとしてアメリカの
捜査員たちに非常によく読まれました。この本には，被疑者がどの程度「怪
しいのか」の度合いに応じた取調べのテクニックが紹介されていました。し
かし，もし，捜査員が実際には犯人でないものを「怪しい」と考えてしまっ
た場合，大変危険なことになる可能性がありました。この本には，このよう
な場合，捜査員は犯人をある意味で誘導し，なだめすかして自供に持ってい
く方法が紹介されていましたが，この方法では，犯人でない人物も自供して
しまう危険性があったからです。

コラム 8.7　高齢者の顔の記憶の特性

　高齢者群と若年者群に何人かの顔を記憶させ，それを再認できるかどう
かを実験した研究が今までいくつか行われています。シアシーらはそれら
の研究を整理して統合してみました（Searcy et al., 1999）。その結果，ヒ
ット率，つまり見たことのある顔が呈示されたとき，それを「見たことが
ある」と判断する正答率は，高齢者と若年者では差がありませんでしたが，
誤警報（フォルスアラーム）率，つまり，はじめて見たものを間違えて
「見たことがある」と判断してしまう率は，高齢者群で多くなっているこ
とがわかりました（図8.3）。つまり，高齢者は，見たことのない顔を
「見た！」と言ってしまう間違いが多いということです。

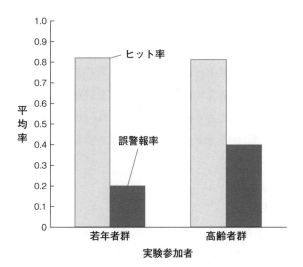

図 8.3　顔の記憶の年齢別のヒット率と誤警報率（Searcy et al., 1999）

8.4.2　取調べ過程の科学的研究

　その後，取調べに関する多くの科学的な研究が行われました。とくに大きな転機となったのはイギリスで取調べの過程が録画されるようになったことです。これによって従来，密室で行われていた取調べが研究の対象となったのです。

　このような研究で明らかになった最も重要なことの一つは，被疑者から何としても自供を得るぞというスタンスの取調べは，思いのほか効果がないということでした。被疑者に自供を求めることを目的にして取調べを行うと，取調官と被疑者の関係が対立状態になり，ラポール（信頼感）の形成が阻害されてしまうからです。さらに，もし，被疑者が犯行を否認した場合には，相手に対する非難や暴言に発展し，それでも相手が認めない場合には，取調官は途方に暮れてしまうことになってしまいます（Moston et al., 1992）。

　被疑者が自供に至った経緯について，殺人犯 22 名，侵入窃盗犯 63 名にインタビューを行った渡辺・横田（1999）の研究では，自供の促進要因として最も重要だったのは，捜査員の共感的理解であり，その他，取調官が被疑者の人格を認めることや被疑者の話をじっくりと聞くことでした。また，取調べは真実解明の手段だと考えて，合理的な説明を被疑者に求めていく方法論が有効であるということもわかりました。いずれにせよ，テレビドラマでよく見られるような対立的な取調べ方法では自供を得るのは困難だということです。

8.4.3　虚 偽 自 白

　実際には，犯人でないにもかかわらず取調べで自白するケースを**虚偽自白**（false confession）といいます。虚偽自白はそのまま冤罪につながってくるので，その発生を抑えることが必要です。グッドジョンソン（Gudjonsson, 2018）は，虚偽自白を何も圧力を受けていないのに自白する自発型，取調べから逃れたいなどの理由で自白する強制追従型，実際に自分がやったと信じるようになってしまう強制内面化型，に分類しています。

コラム 8.8　　似顔絵とモンタージュ写真

　事件の目撃者が犯人の顔を見ていた場合，それは有力な手がかりとなりますが，一つ大きな問題があります。それは，人間はデッサンなどの特別なトレーニング受けていない限り，見た顔を再現することが難しいということです。そのため，目撃者が見た顔の情報を取り出すためのさまざまな支援策が作られてきました。まず，**似顔絵**です。これは似顔絵画家が目撃者から情報を聞き取りながら，絵画によって目撃した人物の顔を再現していく方法です。これは最も古典的な方法ですが，非常に有効であるということがわかっています。似顔絵は今でも多くの事件で犯人検挙の助けになっています。

　次に，**モンタージュ写真**があります。海外では，フォトフィットなどとよばれています。これはさまざまな人物の顔のパーツを組み合わせて，ターゲットの人物を構成していくという方法です。この方法は開発当初期待されていたのですが，研究の結果，似顔絵と比べて効果的であるとはいえないことがわかっています。そのため，日本の警察でもモンタージュ写真よりも似顔絵のほうがよく用いられています。

　モンタージュ写真があまりうまくいかない理由はいくつかのものが考えられますが，最も重要なのは，顔の再現の途中でいろいろなリアルな顔のイメージに接することでこれが干渉となり，本来の顔の記憶をゆがめたり，忘却させたりしてしまうことがあげられます。現在，このような問題をなるべく生じさせずに顔を再現するためのソフトウェアの研究が続けられています。

図 8.4　3 億円事件の捜査に用いられた写真

1968 年，東京府中で発生した 3 億円強奪事件（未解決）では，はじめてモンタージュ写真による捜査が行われました。現在ではこの写真の公開によって犯人の顔についての先入観が生じ，かえって捜査を妨害したのではないかと指摘されています（この写真は目撃された犯人とは違う，実在した別人の顔をそのまま使用していて，正確にはモンタージュ写真とはいえないことがわかっています）。

参考図書

越智 啓太（2008）．犯罪捜査の心理学──プロファイリングで犯人に迫る──
　　化学同人
　プロファイリングの方法やその最先端技術などが，わかりやすく紹介してありま
す。

ミルン，R.・ブル，R.　原 聰（訳）（2003）．取調べの心理学──事実聴取のため
　　の捜査面接法──　北大路書房
　取調べについての心理学的研究について詳しく解説してあります。

キーワード

プロファイリング，秩序型連続殺人犯人，無秩序型連続殺人犯人，リヴァプール方
式のプロファイリング，マップ，リンク分析，地理的プロファイリング，円仮説，
凸包ポリゴンモデル，円心モデル，疑惑領域モデル，ポリグラフ，ポリグラフ検査，
CIT（隠匿情報検査），CQT（コントロール質問法），脳波，事象関連電位，機能的
磁気共鳴画像（fMRI），機能的近赤外分光法（fNIRS），目撃者の証言，子どもの目
撃証言，被誘導性，高齢者の目撃証言，ソース・モニタリング，取調べ，虚偽自白，
似顔絵，モンタージュ写真

予習問題

・プロファイリングを扱った映画，小説，ドラマなどを見て，その内容について検
　討して下さい。
・取調べの誤りなどによって発生した冤罪事件について調べ，どのように改善すべ
　きか，考察して下さい。

第9章

司法・裁判

　司法・裁判心理学では，裁判所の活動を心理学の知識を用いてサポートしていきます。本章ではまず，適切な裁判を行うための方法について考えていきます。また，裁判所は犯罪を裁くだけでなく，離婚や子どもの養育など，さまざまな家族の問題の解決を支援する場でもあります。次に，専門家が心理学の知見を基に行っている活動について見ていきます。

9.1 裁判過程

9.1.1 裁判員制度と公判前報道

　日本の刑事裁判では，一定の重罪（殺人罪や傷害致死罪）などでは，裁判官に一般の市民から選ばれた 6 人の**裁判員**が加わった合議体によって審理を行います。被告人は裁判員制度の利用を拒否することはできません。裁判員は，裁判官とともに証拠調べを行い，有罪か無罪かの判断と，有罪の場合には量刑の判断まで行います（**図 9.1** 参照）。海外では，日本の制度の基となった陪審員制度が導入されている国もありますが，その運用方法は国や（アメリカでは）州などによって大きく異なります。

　刑事裁判では推定無罪の原則があり，有罪が確定するまでは無罪として扱われるのが建前です。しかしながら，現実には被疑者が検挙されるとマスコミがその人物の有罪が確定したかのように報道し，その情報はインターネット上でも拡散します。この**公判前報道**（pretrial publicity）は，裁判員や陪審員の判断に大きく影響してしまいます。公判前報道に接した経験が多いほど有罪に投票しやすくなり，また，事件を状況よりも犯人に帰属させやすくなるということが知られています。また，「自分は公判前報道に影響されていない」と考えていても，実際には影響を受けているということも実験的に示されています。

9.1.2 裁判員の判断プロセス

　裁判員は法律については素人であり，かつ合議で判断を行うため，その判断プロセスには事件そのものとは直接関係しないさまざまな要因が影響してきます（**コラム 9.1** 参照）。裁判員個人個人のパーソナリティ要因（権威主義的傾向や不安傾向など）や犯罪・刑罰についての考え方の違い（厳罰傾向や公正世界観など），集団での意思決定における特有のバイアス，たとえば，判断が危険な方向に偏りがちになる**リスキーシフト**（risky shift）や極端な判断になりやすくなる**集団極化現象**（group polarization）などです。

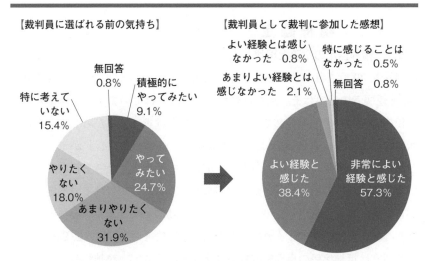

【裁判員に選ばれる前の気持ち】

【裁判員として裁判に参加した感想】

図 9.1　**裁判員として裁判に参加した感想**（裁判所ホームページより）
裁判員になりたい人は少ないですが，実際に経験してみると多くの人がポジティブな
印象を持ったことがわかります。

コラム 9.1　　事件写真の呈示は有罪・無罪判断に影響するのか

　刑事裁判においては，裁判員は被害者の遺体写真や犯罪現場の写真を見て判断することになります。では，このような写真の呈示は判決に影響するのでしょうか。この問題を実験的に検討したのは，ダグラスら（Douglas et al., 1997）です。彼らは，実験参加者に，被告が否認している事件の裁判の陪審員になったつもりでその被告が有罪か無罪かを判断させました。参加者は 3 つの群に分けられました。統制群には遺体の写真は見せられず，被害者の住居や生前の写真のみが見せられました。実験群は 2 つあり，第 1 の群は上記の写真に加え，カラー写真で遺体の顔のアップ，傷口や血が見えている上半身の写真 2 枚を見せられました。第 2 の群には，白黒写真で遺体や傷口の写真が見せられました。実験の結果，カラー写真か白黒写真かには差は見られず，いずれの群も 57.5％の参加者が有罪と判定しました。統制群では 27.5％の参加者しか有罪とせず，遺体写真が見せられた場合，有罪と判断される確率が約 2 倍になることが示されました。興味深いことに，実験参加者は，写真を見たことによって自分の判断にバイアスがかかったとは思っていませんでした。

9.2 精神鑑定

9.2.1 精神鑑定の定義と現状

　刑法第39条では，第1項に「心神喪失者の行為は罰しない」，第2項に「心神耗弱者の行為はその刑を減軽する」と記されています。**心神喪失**とは責任能力を欠く状態のことであり，**心神耗弱**とは責任能力が著しく減退した状態のことです。責任能力は，「事物の是非・善悪を弁別し」かつ「それにしたがって行動する能力」のことで，前者を**弁識能力**，後者を**行為能力**といいます。これらの両方の能力か，どちらか一方の能力が欠けている場合には心神喪失，著しく減退している場合には心神耗弱となります。心神喪失または心神耗弱の状態が生じる典型的なケースは，精神疾患です（**図9.2**）。

　裁判官は精神疾患の専門家ではありません。そこで，精神科医や心理学者などによって鑑定という形で裁判官等の知識を補助するのです。これが**精神鑑定**です（**表9.1**）。精神鑑定は，裁判所によって選ばれた鑑定人が公判で行う**公判鑑定**が代表的なものですが，実際には検察官に嘱託されたものが起訴前に**起訴前簡易鑑定**あるいは**起訴前嘱託鑑定**を行うことが多く，ここで心神喪失あるいは心神耗弱の可能性があるとされた事件の多くは不起訴となります。公判鑑定や起訴前嘱託鑑定は，3カ月程度の期間をとって身体所見や生育歴調査，さまざまな心理テストなどを総合して行われますが，起訴前簡易鑑定は2時間程度の簡易な問診によって結果が出されます。

9.2.2 精神疾患と責任能力

　精神鑑定によって，心神喪失もしくは心神耗弱とされるものの精神障害名の中で最も多いものは**統合失調症**です。妄想（とくに被害妄想）や幻聴などがきっかけとなって事件が発生するケースなどが該当します。次に多いのが**そううつ病**です。ただし，法律統計でいうそううつ病は必ずしも，そう期とうつ期を伴う双極性の感情障害だけでなく，単極性のうつ病も含んでおり，実際にはこちらのほうが普通です。うつ病の場合は，たとえば，心中を企図

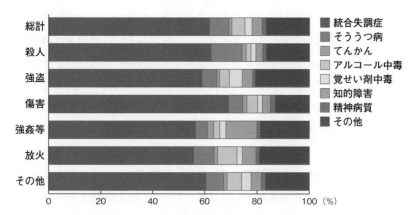

図 9.2 **心神喪失と認定されたものの精神障害名**（平成 14 年版「犯罪白書」より）

表 9.1 **精神鑑定の「7 つの着眼点」**

1. 動機の了解可能性
2. 犯行の計画性
3. 行為の反道徳性・違法性の認識
4. 精神疾患による免責可能性の認識
5. 元来の性格と異質性
6. 犯行の一貫性・合目的性
7. 犯行後の自己防御・危機回避的行動

従来，精神鑑定は各鑑定医のスタイルで行われてきましたが，近年，その方法を統一していこうという流れが出てきました。その際の判断基準として「7 つの着眼点」が提唱されています。

し子どもなどを殺害して自分は生き残ったケースや，介護うつが引き金にな
った介護殺人などがあてはまります。また，**アルコール中毒**や**覚醒剤中毒**な
どのケースも存在します。これらのケースでは，犯行時に心神喪失または心
神耗弱状態にあったとしても，そのような状況に自分がなることを知ってあ
えて飲酒や覚醒剤を使用している場合には，**原因において自由な行為理論に**
よって，責任能力が阻却されません。近年，**多重人格**（あるいは解離性人格
障害）という鑑定が出される事件もありますが，現在のところ，多重人格で
心神喪失あるいは心神耗弱になることはまれです。発達障害については，**知**
的障害が犯罪等の発生に何らかの影響を与えている場合には，心神耗弱とさ
れることがあります。これらに対して，アスペルガー症候群等の**自閉スペク**
トラム症，注意欠陥多動性障害については，精神鑑定によってその診断がな
されても，現状では心神喪失や心神耗弱とならないことがほとんどです。

　精神疾患と犯罪の関連について考える場合には，精神疾患や発達障害だか
らというだけで犯罪のリスクが上がるわけではないことに注意しなければな
りません。

9.3 離　婚

9.3.1　家庭裁判所調査官

　裁判所の役割の一つとして，離婚や養子縁組，相続などの家庭に関するさ
まざまな問題の解決を支援するというものがあります。この役割は家庭裁判
所が中心となって行われます。家庭裁判所には法律家である判事（裁判官）
の他に心理学，社会学，教育学，社会福祉学等の人間科学の専門家である**家**
庭裁判所調査官がおり，判事や事務官とともに問題の解決にあたっています。
家庭裁判所調査官の仕事は大きく少年事件と家事事件に分かれます。**家事事**
件では，離婚や子どもの養育権に関する問題の解決プロセスにおいてとくに
重要な役割を果たしています。

コラム 9.2　　夫婦間トラブルの分析

　夫婦間において，意見の食い違いやお互いの行動についての不満が発生した場合，どうすればよいでしょうか。あたりまえのことですが，互いの意見を理解し合って，互いを尊重しつつ妥協点を見つけていくというのが最もよい方法と思われます。そして，実際に夫婦間のトラブルに際してこのような方法をとっているカップルは，幸福感が高く，離婚する可能性も低いということがわかっています。

　ところが，カップルの中には一方が自分の要求を強く主張し，相手は話し合いを回避するというパターンが生じることがあります。これを「要求―回避（demand-withdraw）」パターンといいます。ハーベイら（Heavey et al., 1993）の研究によれば，このパターンには性差があり，妻が夫に何か要求したい場合には，妻は夫に対して要求をぶつけ，夫はその話題を回避しようとするケースが多いことがわかりました。一方で夫が妻に何か要求したい場合には，妻はその話題を回避しようとはせず，しっかり受け止めようとしていました。この結果として，妻が要求して夫がその話題を回避するというパターンが次第に固定化してしまいます。このパターンは互いの幸福度を減少させ，離婚のリスクを上昇させてしまいます。たとえば，ガットマンとレビンソン（Gottman & Levenson, 2000）は，85組のカップルに，まず夫婦間における問題点についての話し合いをさせて，そのコミュニケーション過程を分析し，「妻の要求―夫の回避」パターンの度合いを測定しました。その後，14年後に再び調査をしたところ，このパターンが顕著なカップルほど，離婚しているケースが多いことがわかりました。

　みなさんのまわりにいる「あまりうまくいっていない夫婦・カップル」のコミュニケーションスタイルを観察してみると，このようなパターンが見られるかもしれません。ただ，この逆の「夫の要求―妻の回避」パターンがよいかというと必ずしもそうではありません。このパターンは夫から妻への暴力と関連していることが示されているからです。

9.3.2 離婚制度

　結婚生活を続けている中で，何らかの理由で，これ以上，結婚生活が続けられないという判断に至ることは少なくありません。現在日本では，概ね3組の夫婦のうち1組程度が離婚しています。

　離婚の手続きは，以下のようになっています（図9.3）。まず，夫婦が話し合いで離婚する場合を**協議離婚**といいます。協議離婚の場合，役所に離婚届を提出し，受理されれば離婚が成立します。ただし，夫婦の間に未成年の子がいるときは，いずれか一方を親権者として定めなければなりません。また，夫婦共同財産の清算，扶養的財産分与，慰謝料などについて決める必要があります。実際の離婚の85〜90％は協議離婚ですが，話し合いがまとまらない場合や話し合いが困難な場合には，夫婦の一方が夫婦関係調整調停（離婚調停）を申し立てることができます。この場合，調停委員会が間に入り夫婦間の話し合いを仲介してくれます。調停委員は男女2名から構成されており，弁護士や司法書士などの法律の専門家だけでなく，社会生活において豊富な経験や知識を持つものが任命されます。調停は2〜3回で終了することが多いですが，まれに10回以上になる場合もあります（2％以下）。調停には裁判官と場合によっては家庭裁判所調査官が立ち会います。調停による離婚は全体の10％程度です。調停がまとまれば**調停離婚**となります。基本的には調停ができればよいのですが，争点の調整がうまくできない場合や，早急に解決が望まれる場合など，家庭裁判所が相当と認めるときは，調停に代わって審判で離婚する制度もあります。ただし，**審判離婚**はほとんど利用されていません。調停も審判もできない場合には，夫婦の一方は，配偶者の不貞行為，配偶者の悪意の遺棄，3年以上の生死不明，回復の見込みのない強度の精神病，その他婚姻を継続し難い重大な事由があると主張して，家庭裁判所に**人事訴訟事件**として離婚の訴えを提起することができます。裁判による**離婚**は全体の2〜3％程度です。

　離婚事件において，家庭裁判所調査官が調査を行うのは，子の引渡や面会交流，親権権者の指定といった事項が関わる場合と，ドメスティックバイオ

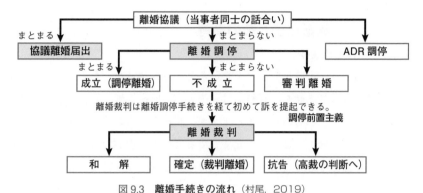

図 9.3　**離婚手続きの流れ**（村尾，2019）

表 9.2　**離婚の世代間連鎖**（Amato，1996）

	カップル数	離婚率
どちらの両親も離婚していない	1,271	13%
夫の両親が離婚	194	19%
妻の両親が離婚	192	19%
どちらの両親も離婚している	54	37%

両親が離婚していると子どもも離婚しやすくなるのでしょうか。この問題を離婚の世代間連鎖といいます。この問題についてはアマト（Amato, P. R.）が調査を行っています。1,711 組のカップルを集めその両親の離婚パターンと本人たちの離婚率について調査したところ，離婚の世代間連鎖があることがわかりました。

レンスや虐待などの問題が関わってくる場合です。養育費や財産分与に関しては，調査官による調査は普通行われません。

9.4 離婚と子どもの養育

9.4.1 親権と監護権

　離婚にあたり，未成年の子どもがいるときは親権者をどちらにするかを決定しなければなりません。**親権**には監護養育，財産管理，教育，法律行為の代理などさまざまなものが含まれますが，親権を得ることの意味として最も大きいのは，自分の子どもを手元で育てるという心理的なものです。この権利を特別に**監護権**といいます。監護権は親権と同じ側が持つことが原則ですが，異なることもあります。日本は**単独親権制度**をとっていますが，先進国のほとんどは，共同親権か，単独，共同親権を選択できる制度になっています。

9.4.2 子の監護者指定・引渡事件

　子の監護者指定・引渡事件において，家庭裁判所調査官は，子の監護状況，子の意向・心情，親子交流場面の観察，の3つの観点から判断を行います。子の監護状況とは，監護親（同居親）による子の監護の状況，関係性，子の生活状況や心身の状態，非監護親との関係性などをさします。子の意向・心情とは両親の紛争に対する子の認識，理解，心情，要望などをさします。とくに子どもがある程度の年齢に達していて自己の意思を表明できる場合には，直接子どもから意向を聞き取ります。親子交流場面の観察では，監護親，非監護親との交流場面を観察し，それぞれの関係性，態度，接し方などについて分析します。これはとくに子どもの年齢が低い場合に重要になってきます。調査官は，心理学や人間諸科学の知識を利用しながら，直接的な言動のみならず，非言語的な表現なども慎重に観察して判断を行います。必要があれば，家庭訪問による環境調査，監護保護者である祖父母等や小学校，幼稚園，保

コラム 9.3　子どもの連れ去り問題とハーグ条約

　たとえば，国際結婚の場合，夫婦が不仲になったケースなどでは一方の親が他方の親の同意を得ずに子どもを自分の母国に連れて行ってしまうというケースが存在します。このような国境を越えた子の連れ去りの悪影響から子どもを守るために，原則として子どもを元の居住国（常居所地）に迅速かつ確実に返還する国際的な仕組みが作られています。これを**ハーグ条約**といい，日本でも外務省ハーグ条約室がこの連れ戻しに関する手続きの支援を行っています（図9.4）。日本においては，国際結婚をした妻が海外に住む夫の同意を得ずに自分の子どもを日本に連れ帰ってくるというケースが多く見られますが，この場合，常居所地は海外なので，夫が請求すると子どもを海外に返還する必要が生じてしまいます。前提として子どもを元の常居所地に戻すことが子どもの利益に合致するということになっていますが，現実問題として，一方の親の虐待の問題や常居所地に戻すことのほうが子どもにストレスを与える可能性があるケース，両親の言い分が大きく異なっているケースも少なくなく，その場合には調停や裁判手続きなどが実施されることになります。

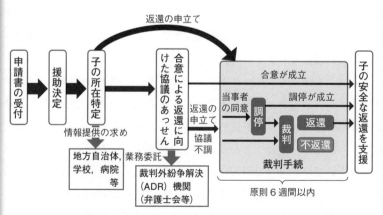

図 9.4　ハーグ条約において日本へ連れ去られた子の返還申請があった場合の手続きの流れ（外務省HPより）

育園や児童相談所などの関係機関への聞き取り調査なども行います。

　これらの調査はとくに慎重に行う必要性があります。たとえば，「どちらに監護者・親権者になってもらいたいか」を直接子どもに聞くことや，親を通じて子の意思を確認することは子どもに対して必要以上に心理的な負担を与えてしまったり，夫婦間の争いを激化させてしまう危険性があるからです。調査官は，子どもの認知，感情についての発達心理学的な知識や心理面接のテクニック，場合によっては描画やプレイセラピーなどの方法を使って，子の年齢や事案の性質に応じて適切な対応をすることが必要になってきます。

9.4.3　面会交流

　離婚後の面会交流については，わが国では「毎月1回程度，その日時場所方法等は当事者双方が協議して行う」とされるのが一般的です。月1回以上の面会交流は全体の40〜50％，月2回以上は全体の6〜8％で認められています。海外では，面会交流が権利として認められており，比較的頻繁に面会交流が行われることがありますが，わが国ではそれほどではありません。面会交流は，一般に子どもにポジティブな影響を与えますが，近年では一部の研究者や実務家が，非同居親との面会交流のネガティブな側面にも目を向けるべきだと主張しています。

　たとえば，アメリカやオーストラリアなどでは，離婚の原因がドメスティックバイオレンスであったり，子どもに対する虐待であったとしても，権利として監視つきで面会交流が認められることがありますが，このような状況において，誘拐事件が発生したり，子どもに対する殺人が発生するケースが報告されています。父親は母親に対する復讐のために比較的年長の子どもを殺害することが多く，母親は絶望感から比較的年齢の若い子どもと心中しようとする傾向があるといわれています。また，子どもが監護親との関係を優先して，非監護親との面会を拒絶したり，冷たくあたったりする**片親疎外症候群**（parental alienation syndrome）や，監護親が非監護親についての非難や悪口を繰り返すことによって子どもと非監護親との円滑な関係を阻害して

コラム 9.4 　離婚は子どもに悪影響を及ぼすのか

　両親の離婚は子どもに悪影響を及ぼし，子どもの人生に大きな心的トラウマを背負わすことになる，といわれます。しかし，本当に両親の離婚は子どもに悪影響を及ぼすのでしょうか。アマトとキース（Amato & Keith, 1991）は，この問題を研究した92個の研究，1万3,000人の子どもについての分析結果をメタ分析によって統合してみました。その結果，離婚家庭の子どもは，学業成績が悪く，非行が多く，父子関係に問題があることが多いなどの結果が得られましたが，その程度はわれわれの多くが考えるよりもわずかなものに過ぎませんでした。子どもの適応力はそれほど弱くはなかったのです。その後の研究では，離婚は夫婦の不仲やトラブルから，裁判，別居などを含む長いプロセスであり，その影響を一概に評価できるわけではないということがわかっています。たとえば，夫婦間に継続的に深刻な争いがある家庭では，離婚が子どもにポジティブな影響を与えることも十分にありうるのです。

コラム 9.5 　親権者を決定するときの家庭裁判所の基準

　子どもの親権者や監護者を決定する場合の日本の裁判所の判断基準としては，以下のようなものがあります。

1. 子どもの意思がまず優先される。ただし，子どもが真摯な意思を表明できるとされる標準的な年齢は10歳程度である。

2. 子どもの年齢が低い場合（とくに乳幼児）には母親が優先される。

3. 収入や養育環境，育児経験と能力，監護補助者（祖父母など）など監護体制が優れているほうが優先される。

4. 現状維持が優先される。ただし子どもを奪取して手元に置いている場合には容認されないこともある。

5. 面会交流に対して積極的で協力的な姿勢があるほうを優先する。

6. 虐待などがある場合は親権者，監護者としない。

しまうケースも報告されています。

参 考 図 書

村尾　泰弘（編著）（2019）．家族をめぐる法・心理・福祉──法と臨床が交錯する
　　　現場の実践ガイド──　法律文化社
　離婚や子どもの養育問題だけでなく，DVや虐待，非行など家族の危機に対する
法律的，心理的，福祉的なアプローチについてまとめられています。

安藤　久美子（2016）．精神鑑定への誘い──精神鑑定を行う人のために，精神鑑
　　　定を学びたい人のために──　星和書店
　精神鑑定に興味を持っている医師をターゲットにした本です．わかりやすく書か
れているので一般の人も精神鑑定について理解することができます。

キーワード

裁判員，公判前報道，リスキーシフト，集団極化現象，精神鑑定，心神喪失，心神
耗弱，弁識能力，行為能力，公判鑑定，起訴前簡易鑑定，起訴前嘱託鑑定，統合失
調症，そううつ病，アルコール中毒，覚醒剤中毒，原因において自由な行為，多重
人格，知的障害，自閉スペクトラム症，注意欠陥多動性障害，離婚，家庭裁判所調
査官，家事事件，協議離婚，調停離婚，審判離婚，人事訴訟事件，親権，監護権，
単独親権制度，子の監護者指定・引渡事件，ハーグ条約，プレイセラピー，面会交
流，片親疎外症候群

予 習 問 題

・精神鑑定が行われた事件のケースを1つあげて，その事件の概要や判決について
　調査し，それについて自分の考えをまとめて下さい。
・わが国の離婚制度はどうなっているか，また，離婚の過程でどのような法律的，
　心理的な問題が生じ，どのような支援が必要になってくるか，心理学の立場から
　考察して下さい。

第 **10** 章

防　犯

　犯罪で傷ついてしまった人の心をいやすことも，失われてしまったものを取り戻すことも困難です。起きてしまった事件の犯人を検挙することは重要ですが，そもそもそのような悲惨な犯罪が起きないようにすることができれば，それがベストな状態なのです。このようなチャレンジを行っているのが防犯心理学です。

10.1　防犯心理学

10.1.1　防犯心理学の目的

　犯罪は人々の心を傷つけます。たとえ犯人が検挙されたとしても，被害者の心の傷はなくなりません。もちろん，殺人事件の場合には殺された人が戻ってくることはありません。また，金銭的な被害の場合も，たとえ犯人が検挙され，民事の損害賠償請求が認められたとしても，犯人の側に支払い能力がなかったり，支払いを拒否するなどのケースが少なくなく，被害を回復することは困難です。

　起きてしまった犯罪を検挙することはもちろん重要なのですが，そもそも犯罪を起こさないようにすることができればベストでしょう。犯人も被害者も人間ですから，心理学の知識を効果的に使えば，犯罪を起こさないためにはどうすればよいのかを考えることができるかもしれません。このような観点から研究を行っていく分野が**防犯心理学**です。

10.2　環境設計による犯罪予防

10.2.1　プルイット・アイゴーの悲劇

　防犯心理学の中で最も多くの研究を生み出しているのが，防犯のための**環境設計**，つまり都市や家を犯罪に強い設計にしていこうという試みです。この試みはアメリカのある大規模住宅の失敗からスタートしました。

　1954 年，アメリカのミズーリ州セントルイスに，日系人の建築家ミノル・ヤマサキが設計した低所得者向けの集合住宅プルイット・アイゴー（Pruitt-Igoe）が完成しました。この住宅は建築専門誌も賞賛するような斬新なデザインで作られ，11 階建て 43 棟で合計 2,764 世帯が入居可能な大規模なものでした。ところが，この住宅は完成直後から多くの犯罪に悩まされたのです。住宅はまたたく間に荒れ果て，住民たちの多くが出て行ってしまいました。最終的に，完成からわずか 18 年後の 1972 年に爆破解体されてしま

図 10.1　**爆破解体されるプルイット・アイゴー**（アメリカ都市開発局ホームページより）

いました（図 10.1）。ちなみにこの住宅に隣接する，より小規模で建物が低めなカー・スクエア・ビレッジはトラブルが少なく，平和なコミュニティが形成されていました。

10.2.2　守りやすい空間とは何か

では，プルイット・アイゴーはなぜ失敗したのでしょうか。この問題については多くの防犯問題の専門家が論じましたが，その一人に，公共建築の専門家であったニューマン（Newman, O.）がいました。彼は，住空間のデザインが犯罪を誘発しているのではないかと考えました。そして，犯罪を誘発しにくい「守りやすい（住）空間（defensible space）」理論を作り上げたのです。この理論では，犯罪に対して耐性のある住空間を作り上げるためには次のような要素が必要だといいます（コラム 10.1）。

まず，第 1 は**領域性**です。これは建物の設計においてその地区なり場所なりが「われわれのもの」であることを示し，その空間への侵入者にとっては「正当な空間」でない場所に侵入しているという感じを抱かせる物理的，象徴的な障壁のことです。象徴的な障壁とは，たとえば，街路から一段高くなった庭の空間や塀の設置などです。このような障壁がないと侵入者が容易に侵入してきてしまいます。

第 2 は，**境界の画定**です。これは公共空間，半公共空間，私的空間がどこから始まり，どこで終わるのか，それぞれの場所がどのような空間であるのかが一目瞭然でわかるようなデザインのことをさします。曖昧な空間的区分があればあるほど，そこにいる侵入者の存在を覆い隠してしまうからです。プルイット・アイゴーでは 3 階ごとに住民が交流できるような吹き抜けのスペースが存在していましたが，そこが「正当な空間」なのか，単なる公共空間なのかがわかりにくく，その結果，その部分に不良少年や犯罪者がたまってしまいました。

第 3 は，**自然監視**です。これは「正当な空間」に入り込んでいるよそ者を内部の人間が自然な生活の中で監視するような状態のことをさします。もち

コラム 10.1　守りやすい空間理論を応用した，犯罪に強い空間の段階的構成

　ニューマンは，公共空間から私的空間へとダイレクトにつながるエレベータ，階段，出口の存在が犯罪を増加させると考えました。わが国では，塀を乗り越えれば，公共空間からすぐに個人の家の中に入れるような環境設計がそれにあたります。そこで，この間を結ぶ半公共空間や半私的空間を設定し，それをデザインによって明確に示すとともに自然監視を高めれば，犯罪に強い住宅を作ることができると考えました（図10.2）。ただし，ポイナーは，半公共空間や半私的空間については，それが適切に自然監視されていなかったり，誰の持ち物であるのかが明確でなかったりした場合には，かえって犯罪やバンダリズム（器物の破壊や落書きなど）をもたらすことがあると述べています（Poyner, 1983）。

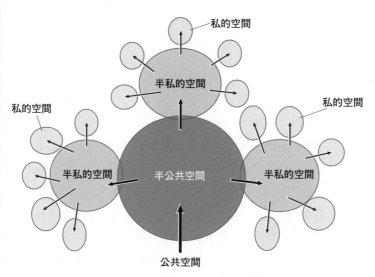

図10.2　守りやすい空間の段階構成
矢印は段階構成のさまざまなレベルにおける入口と出口を表しています。

ろん，このような監視性がなければ侵入者は容易に入り込んでしまいます。
たとえば，プルイット・アイゴーの吹き抜け空間は部屋などから見えにくく，
誰からも監視されない空間になってしまっていました。

　　第 4 はイメージです。外部からの侵入者を防ぐためには住民が自分たちの
コミュニティに愛着を持ち，自分たちの力で守っていこうという動機づけを
持つことが重要です。プルイット・アイゴーは，近隣の住宅とは異なったモ
ダンな作りであったため，周囲の住宅から浮いた存在だったのですが，ここ
に住む住民たちはその特異性を誇りに思うのではなく，逆に「低所得者住宅
の烙印」としてとらえてしまったのです。そのために住民は，自らのコミュ
ニティへの愛着がわかず，住みよい環境を作ろうといった動機づけを持つこ
とができなかったのです。

　　第 5 は，環境です。これは，住宅を都市の中で安全と認められている場所，
たとえば，社会施設のある場所，交通量の多い街路などに面して位置づける
ということです。

10.2.3 CPTED

　　環境設計が犯罪を防ぐという考えは，ニューマンとは別の研究者たちによ
っても提案されました（**表 10.1** に例を示します）。その中でも有効な理論の
一つはジェフリー（Jeffery, C.）による **CPTED**（Crime Prevention Through
Environmental Design；**防犯環境設計**）という考え方です（**図 10.3**）。彼は，
従来の犯罪理論が犯罪を行う「人」に目を向けすぎていたことを批判し，
「環境」の重要性を説くとともに，接近性の制御（犯人が対象物に接近しに
くいようにする），監視性の確保など，ニューマンと同様の概念を用いて防
犯方略について検討しました。ニューマンの考えが居住者の視点に立った住
居に対する防犯理論だったのに対し，ジェフリーの考えは，住居に限らず，
事務所，公園や乗り物などより広い対象に応用可能なものでした。

表 10.1　**犯罪被害に遭いやすい学校の特徴**
(Pablant & Baxter, 1975)

	犯 罪 件 数	
	多 い 学 校	少ない学校
はげたペンキや泥, 雑草, のびた芝生	2.37 **	1.62
平凡でおもしろみのない建物のデザイン	2.37 *	1.75
建物デザインにバラエティがない	2.37 *	1.93
周囲の道路から学校が見えにくい	1.86 *	1.31
周囲の住民から学校が見えにくい	2.50 **	1.62
学校の周りに人がいない	2.50 *	1.68
周りに空き地が多い	2.25 **	1.50
周囲の建物に比べて古い	1.81n.s.	1.56

(** $p < .01$,　* $p < .05$,　n.s. 有意差なし)
テキサス州ヒューストンで行われた研究では，学校からの窃盗や学校の物品に対するバンダリズムの被害の多い 16 の学校とこれらの被害が少ない 16 の学校について，さまざまな属性が比較されました。それぞれの属性については学校を訪問した評定者 3 名が，3 点満点で評価を行いました。被害の遭いやすさには，監視性だけでなく建物のデザインも大きく影響していることがわかります。

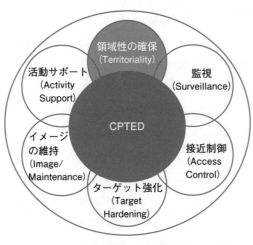

図 10.3　**CPTED の模式図**

10.2.4　状況的犯罪予防

　イギリス内務省のクラーク（Clarke, R. V.）は，犯罪者の意思決定過程を考慮に入れた防犯理論を作りました。この背景にあるのは，**犯罪者の合理的選択理論**といわれる考えです。これは，犯罪者が犯罪を行うのは，犯罪によって得られる利益がコスト（逮捕されるリスクなど）を上回るからだというものです。そうだとすると，利益を減少させ，コストを増加させることができれば，犯罪は減ることになります。そこで彼は，施錠の強化や犯罪道具の取得を制限することなどによって犯罪の困難さを増加させ，ガードマンや監視カメラなどによるフォーマルな監視の強化や，街路照明や見通しをよくすることなどによるインフォーマルな監視の強化をすることで，犯罪の発見リスクを増大させられると考えました。また，店舗に多額の現金を置かないことや高価なものを陳列しないことなどによって，犯罪利益を減少させることができると考えました。この考えも犯罪者自身など「人」に焦点をあてた対策ではなく，状況に焦点をあてた考え方です。このような考えを**状況的犯罪予防**といいます。

10.2.5　犯罪の転移と利益の拡散

　状況的犯罪予防や環境設計による犯罪防止などの防犯対策に対する批判としては，**犯罪の転移**（displacement）の問題があります。これは対策を行った一定地域においては犯罪は確かに減少するのですが，別の場所で犯罪が増加し，結局のところ総数は減らないという考え方です。とくに，防犯システムの導入などはお金のかかることなので，結局のところ，金持ちはより安全に，貧しいものはより危険な状況に置かれることになってしまい，社会格差を増加させることになってしまうというのです。しかし，転移が生じる実証的な証拠は，ほとんど得られていません（Lab, 2004）。現在では，ある地域での防犯活動は，他の地域へも波及して全体的に犯罪の水準が低下するといった**利益の拡散**（diffusion of effects）効果が生じることも多いと考えられています。

コラム 10.2　ネイバーフッドウォッチプログラム

　ネイバーフッドウォッチ（neighborhood watch）プログラムは，近隣監視のことで，住民が自宅の周囲で行われている不法行為や非行，犯罪などに目を光らせるというプロジェクトです。一見，よさそうな政策ですが，その賛否をめぐる議論は少なくありません。反論の一つとして，このプログラムによって人々が近隣同士や通行人を犯罪者扱いしてしまい，疑心暗鬼になってしまうのではないかというものがあります。また，いくつかの地域ではネイバーフッドウォッチプログラムの名のもとに不審者に対する襲撃などが発生して問題になったりしました。

　本来は，このプログラムでは，不正行為を見かけた場合には人々は警察に即座に連絡することが推奨されており，自警団的な行為は推奨されません。しかし，本来ネイバーフッドウォッチという考え自体がアメリカの植民地時代のタウンウォッチングという自警団活動から発生しているのも事実です。アメリカの地方都市に行くと，地域のさまざまな団体がこのプログラムを実施しており，街には図 10.4 のようなポスターや看板が設置されていることがあります。防犯心理学的観点からすると，プログラム自体よりも，このポスター自体が防犯効果を作り出しているとも考えられます。

図 10.4　アメリカの地方都市に見られるネイバーフッドウォッチプログラムの看板（オレゴン州コーバリス）

10.3 割れ窓理論

10.3.1 「割れ窓理論」

　割れ窓理論（broken window theory）は，ウィルソンとケリング（Wilson & Kelling, 1982）によって提案された考え方です（図 10.5）。1 枚の割れた窓のような小さな無秩序状態が放置されることによって，より大きな無秩序状態が作り出されるというものです。

　今ここに，1 枚の割れた窓があったとしましょう。修理されずに放置されている窓は，その建物が誰にも管理されておらず，無法な行為をしてもとがめられないということを宣伝しているようなものです。すると，誰かが別の窓を割る可能性が増加します。結局，次々に窓は割られ，建物自体が汚くなっていくでしょう。すると，その付近はますます無法化し，不良少年やいかがわしい人々の出入りが多くなります。そして，落書きや破壊がますます多く発生して地域全体が荒れていきます。この段階になると，人々は街の汚れを片づけることや町のルールを守ることに消極的になり始め，次第に地域への愛着や地域住民のつながりが低下していきます。そして，経済的に余裕のある人々は別の場所に引っ越していくでしょう。放置された空室や空地が増えれば，環境はますます悪化していくことになります（コラム 10.3）。

10.3.2 割れ窓理論の防犯活動への応用

　割れ窓理論は防犯活動にどのような示唆を与えるのでしょうか。この理論は，ちょっとした無法行為を「まあ，このくらいならいいか」と放置することが，結果的にはより悪い結果をもたらすということですから，このような違反を軽視しないことが重要だということになります。そして，実際にこの理論に基づくいくつかの試みが成果を上げました。一つは，ニューヨークの地下鉄に関する介入です。1970 年代，ニューヨークの地下鉄は非常に治安が悪いことで有名でした。落書きが多く，いすなどが破壊されていることが多いことでも知られていました。落書きや破壊の放置は「割れた窓」であり，

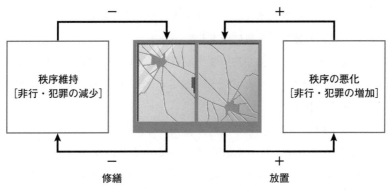

図 10.5　割れ窓理論の模式図

コラム 10.3　ジンバルドーの実験

　割れ窓理論と同様のことは，じつは実験によっても現実に示されています。それは，アメリカの社会心理学者ジンバルドー（Zimbardo, P. G.）によるものです。彼は，治安の悪いニューヨーク州ブロンクスと治安のよいカリフォルニア州パロアルトで街中に自動車を放置した場合，どのようになるのかについて実験を行いました。ブロンクスでは，放置されてから10分もたたないうちに車のタイヤやホイール，ラジオなどの部品が次々と盗まれていき，車も破壊されてしまいました。これに対してパロアルトで放置した自動車は1週間たってもそのままでした。興味深いのは，ジンバルドーがパロアルトの車の一部を破壊した後のことです。これが，「1枚の窓を割る」ことに対応します。その結果，1週間無事だったその車は，急激に盗難や破壊の対象となって数時間後には破壊し尽くされてしまいました。

ここでは無法行為が放置されるということを示すシグナルになってしまいます。そこで，当時の交通局長であったデビッド・ガン（Gunn, D.）は，このような落書きを徹底的に消すことを試みました。その結果として，ニューヨークの地下鉄の犯罪率は大幅に低下しました。

　日本でも，公園のゴミ箱が汚いまま放置されていたり，雑草が伸び放題の空地などで犯罪が生じやすいことが指摘されており，「割れ窓」理論が適用できると考えられます。

　ただし，このような方法には反対する人々も多くいます。彼らは，小さな無法行為も見逃さず，厳しく取り締まっていくという**ゼロ・トレランス**（zero tolerance）政策は監視社会化を促進し，人々の自由を奪ってしまうと主張しています。

10.4　社会を犯罪から守るさまざまな施策

10.4.1　銃の保持と犯罪

　環境設計や小さな犯罪の取り締まりの増加によって犯罪を防止していこうという考えがある一方で，立法によって犯罪を防いでいこうというアプローチもあります。その中で最も多くの議論が行われているのが，**銃の規制**です。

　アメリカでは，学校での銃乱射事件が発生したり，銃による凶悪犯罪が発生すると，銃がこれらの犯罪の原因なのだから，その所持を規制することが必要なのだという銃規制論が出てきます。しかし，一方で，銃が市民の安全を守っているわけであり，銃を規制することは逆にこれらの犯罪を増加させてしまうのではないかという主張もあります。後者の考えの背景には，アメリカ憲法，ひいてはアメリカの開拓精神などの影響があります。

　では，銃の保持を許すことは犯罪を増加させるのでしょうか，それとも減少させるのでしょうか。この問題に関する実証研究の一つとして，ケラーマンら（Kellermann et al., 1993）の研究があります。この研究では，自宅で殺害された人のデータが分析されています。分析の結果，自宅に銃を保持して

コラム 10.4　盗まれやすい商品とはどのようなものか

　窃盗を防止するという観点で防犯活動をする場合，どのような商品が盗まれやすいのか，犯人にとって魅力的なのかがわかると効果的な防犯活動が可能です。クラークは，これを予測する CRAVED（渇望）モデルを提案しました（Clarke, 1997；表 10.2）。アーミテージとピアースは，さまざまな電化製品について，窃取される危険性をこれらのモデルで評価し，携帯電話，MP3 プレーヤー，デジタルカメラ，モバイルパソコンなどがこの順番で危険であるとしています（Armitage & Pease, 2008）。現在では，なんといってもスマートフォンが最もターゲットになりやすい商品でしょう。

表 10.2　**商品の盗まれやすさを規定する条件**（Clarke, 1997）

Concealable 隠せる	盗み出すときにそれを隠して持ち出せるものほど盗まれやすい。バッグに入ってしまうものなどは窃取されやすい。
Removable 持ち運べる	適当な大きさと重さで持ち運びやすいものほど窃取されやすい。一人で簡単に持ち出せるかどうかなど。
Available 手に入る	すぐに手に入れられる場所に手に入れられる状況で存在しているものほど窃取されやすい。
Valuable 価値のある	価値のあるものほど盗まれやすい。電話やネット端末などは使用可能である状態のものが盗まれる。
Enjoyable 楽しい	それを持って使用することが楽しかったり，ファッショナブルだったり，それを持つことがステータスとなるものが盗まれやすい。
Disposable 処分できる	多くの人が欲しがっているものや，盗品処分の市場があるものは盗まれやすい。

いる人ほど殺人の被害に遭いやすいということが明らかになりました。これ
は銃を持つことが危険を増加させるという結論で，銃の規制を支持するもの
です。ところが，これと全く反対の結論を出す研究も示されています。ロッ
トは，銃の秘匿携行を許す法律が施行されることによって，殺人，レイプ，
加重暴行などの凶悪犯罪が減少することを『銃があるほど犯罪は減る (*More
guns, less crime*)』という本で示しました (Lott, 2000)。現在のところ，銃の
保持と犯罪の間の関係については明確な結論が出ているとはいえず，論争は
今なお続いています。

10.4.2　性犯罪者に対する社会防衛

　先にも述べたように，性犯罪者の中には一部ではありますが再犯を繰り返
す常習犯人がいます。現在のところ，これらの犯人を矯正することはなかな
か困難であるということがわかっています。では，このような**性犯罪者**から
われわれはどのように身を守っていけばよいのでしょうか。

　アメリカでは，常習的な性犯罪者をその危険性によって何段階かに分類し
た上で，最も危険な性犯罪者について，その住所，氏名や職業などを公開す
るという法律が提案されています。たとえば，メーガン法（**コラム10.6参
照**）などの法律が有名です。一部の前歴者は，これらの法律によって自分の
再犯が抑制されていると考えているのも事実です。しかし，多くの前歴者は
そのようには考えていません。情報が公開されることによって，前歴者は地
域社会から排除されてしまいます。また，就職や結婚に対してこれらの公開
は大きな障害になるのも事実です。結婚と就職が再犯を防止するための非常
に重要なきっかけになることがわかっていますので，この政策は逆に前歴者
を追い詰め，犯罪を増加させてしまう可能性を持っています。

　最近，注目されている施策としては，**電子監視，GPS監視**があります。
これは性犯罪の前歴者や保護観察者に対して，電子監視装置（本人に電子ブ
レスレットを装着し，ランダムな時間あるいは一定の時間にかかってくる電
話に対して端末に電子ブレスレットをかざさなければならない）や GPS監

コラム 10.5　CCTV（街頭防犯カメラ）に防犯効果はあるか？

　街頭に設置された防犯カメラ（CCTV；closed circuit television）に防犯効果があるのかについて，ウォルシュとファーリントン（Welsh & Farrington, 2009）が今まで行われてきた研究を系統的に収集してメタ分析を行っています。その結果，統制地域に比べ，CCTV設置地域は16％の犯罪減少が見られました。ただし，この効果のほとんどは駐車場で見られたものであり，住宅地域や交通機関などでの犯罪防止効果は限定的なものでした（表10.3，表10.4）。

表 10.3　**駐車場における CCTV の防犯効果**（Welsh & Farrington, 2009 より）

場所	オッズ比	95％信頼区間	p
Guildford	0.23	0.02-2.38	ns
Hartlepool	1.78	1.25-2.52	.001
Bradford	2.67	1.43-4.98	.002
Coventry	1.95	1.41-2.71	.0001
Sutton	1.49	1.16-1.91	.002
Hawkeye	3.34	2.73-4.08	.0001
All 6 studies[1]	2.03	1.39-2.96	.0003

表 10.4　**住宅地における CCTV の防犯効果**（Welsh & Farrington, 2009 より）

場所	オッズ比	95％信頼区間	p
New York City	0.89	0.38-2.07	ns
Glasgow	1.43	1.19-1.72	.0001
Deploy Estate	0.85	0.70-1.04	ns
Dual Estate	0.78	0.63-0.97	.023
Southcap Estate	0.76	0.57-1.02	.067
Eastcap Estate	1.03	0.75-1.42	ns
Northern Estate	1.34	0.84-2.12	ns
Westcap Estate	1.85	1.44-2.37	.0001
All 8 studies[1]	1.07	0.83-1.39	ns

オッズ比は，統制地域に比べ CCTV 設置地域でどの程度犯罪が減少したかを示す指標です。1 の場合は効果なしで，数字が大きくなるほど効果が大きいことを示しています。p は有意差を示します。

視装置（行動を GPS 監視装置によって常時モニタリングする）を取りつけ，その場所を把握するというものです。これに対しても，効果があるという論者がいる一方で，GPS 監視自体が一つの罰則になってしまうなどの批判があります。

10.5　教育によって犯罪から身を守る

10.5.1　防犯教育

　多くの人は「知らない人に声をかけられてもついて行ってはいけないよ」とか，「知らない人の車に乗ってはいけないよ」など，両親から注意を受けたことがあると思います。成人に対しても「自転車のかごにはネットをつけよう」とか「暗い夜道は一人で歩かないようにしよう」などのポスターで防犯啓発活動が行われています。このように，犯罪に遭わないようにするための注意点を教育することができれば，人々が犯罪の被害に遭う可能性を低くすることができるかもしれません。これを**防犯教育**といいます。今まで学校などでは防災教育は行われてきましたが，防犯のための教育は必ずしも十分に行われてきたわけではありませんでした。しかし，子どもが巻き込まれる犯罪が社会的に大きな問題になったことなどから，近年，学校において，子どもに対する防犯教育が導入されるようになってきました。

10.5.2　地域安全マップの取り組み

　子どもに対する防犯教育の中で注目を浴びている手法の一つとして小宮（2006）の考案した**地域安全マップ作り運動**があります。この手法の特徴は，「人」に注目するのでなく「場所」に注目するというところにあります。子どもが巻き込まれる犯罪の一つに性犯罪があります。性犯罪の犯人は第5章ですでに見てきたように，ダーティオールドマンと思われがちですが，実際にはきれいな身なりの若者が犯人であることも多く，外見から「怪しい人物」であるかどうかを見破るのは困難です。つまり「怪しい人」を見つけて

コラム 10.6　メーガン・カンカ事件とメーガン法の成立

　1994年7月アメリカのニュージャージー州で7歳の少女，メーガン・カンカ（Megan Kanka）ちゃんが近所に住んでいたジェセ・ティメンダクワス（Jesse Timmendequas）という男に殺害されるという事件が起きました。彼女は，子犬を見せてあげるという言葉に騙されて彼の家に連れ込まれ，ベルトで首を絞めて気絶させられた後，レイプされ，殺害されて近所の公園の簡易トイレ脇に遺棄されたのです。問題だったのは，犯人のティメンダクワスは，同様な2件の犯罪で10年以上服役していたことでした。この事件の後，カンカ家は，「もし，自分たちが彼のような犯罪者が近所に住んでいることを知っていれば，あらかじめ注意することができたはずである。地域住民には近所に住んでいる性犯罪者の名前と住所を告知すべきである」という運動を始めました。この運動には1週間で10万人もの署名が集まり，ニュージャージー州議会は性犯罪者の前科，現住所，顔写真などを公開するという法律を制定したのです。これが通称メーガン法（Megan's Law）です。メーガン法では，性犯罪者をその危険度によって3段階に分け，最も危険度の高い犯罪者については，警察が地域住民に直接情報を開示して，警告を与えるという形になっていました。

　この事件に先立つ1989年，ミネソタ州で，ジェイコブ・ウェッターリング（Jacob Wettering）ちゃんが誘拐され行方不明になりました。この事件は，ミネソタ州選出のジム・ラムスタッド（Jim Ramstad）議員を動かし，彼は，1994年連邦議会に，通称ウェッターリング（Wettering）法を可決させました。この法律は，子どもに対する性犯罪に限らず，性犯罪者はすべて刑務所出所後にその住所を登録させるというものでした。この連邦法に州政府が従わない場合には，連邦から各州政府に与えられる連邦犯罪対策基金が減額されるということになっていたため，性犯罪者登録制度はアメリカの全州に広がっていきました。

逃げるといった「人」に注目した防犯対策はじつは実効性に欠けるということが明らかです。そこで，小宮が目をつけたのは「場所」です。犯罪を犯しそうな人物を見つけることは困難ですが，犯罪が起きやすい場所はそれに比べればはるかに識別しやすいからです。そこで小宮は子どもたちに犯罪が起きやすい場所を「入りやすく，見えにくい」などのわかりやすい表現で教え，自分の町でフィールドワークをすることによって，そのような場所を見つけるスキルを子どもたちが身につける方法を考えました。これが地域安全マップ作り運動です。現在，多くの小学校や中学校でこの方法は取り入れられ効果を上げています。

10.5.3　防犯教育の弊害

　このように，学校教育の中にさまざまな形で取り入れられた防犯教育ですが，いくつかの弊害も生み出しています。一つは，防犯教育はどうしても人間に対する不信感を生み出しやすいものになってしまいがちだという点です。とくに，人に注目した防犯教育はその傾向が顕著です。たとえば，「知らない大人に声をかけられても答えてはいけない」と教えることは確かに犯罪に巻き込まれるリスクを減らすことはできるかもしれませんが，実際には子どもに声をかける人のほとんどは別に子どもを襲おうとは思っていないわけですから，大人に対する不信感，警戒感だけを増長してしまうことになりかねません。実際に，登校中の子どもに「おはよう」と声をかけただけで子どもが逃げていった，などという笑えない現象も起きているようです。

コラム 10.7　メーガン法が性犯罪者にもたらしているもの

　レビンソンとコッターは，メーガン法が性犯罪者自身にどのような影響を及ぼすのかを調べるために，フロリダ州でこの法律の対象となった性犯罪者 183 人を調査しました（Levinson & Cotter, 2005）。その結果は表 10.5 のようになりました。数字はそれぞれの項目の出来事を体験したものの割合です。メーガン法が再犯防止に一定の効果があるだろうということは犯罪者自身も認めているようですが，職や友人を失ったり，襲撃されることも多いのが現実のようです。とくに問題なのは，友人や大切な人を失ったり，孤立を感じたり，職を失うことがあることです。なぜなら，友人との人間関係や結婚，就職は再犯を防ぐためにはきわめて重要であるからです。

表 10.5　**メーガン法が性犯罪者にもたらす影響**（Levinson & Cotter, 2005）

雇用主や同僚に性犯罪者であることが知られ職を失った。	27%
家主に性犯罪者であることが知られ住居を失った。	20%
隣人から脅迫や嫌がらせを受けた。	33%
何者かに襲撃された。	5%
何者かに家や財産を破壊された。	21%
メーガン法のせいで孤立を感じる。	64%
メーガン法のせいで友人や大切な人を失った。	52%
メーガン法のせいで身の危険を感じる。	46%
メーガン法のせいで将来に希望が持てない。	72%
メーガン法のせいで再犯が抑えられている。	22%
周りから信頼されるために再犯しないように動機づけられる。	66%
多くの人が自分の再犯防止のために支えてくれていると感じる。	52%
どこに性犯罪者が住んでいるかを知ることでコミュニティは安全になるという考えに同意する。	32%

参考図書

小宮 信夫（2005）．犯罪は「この場所」で起こる　光文社新書　光文社
　　「人」でなく「場所」から読み解いた犯罪研究の入門書です。
中村 攻（2000）．子どもはどこで犯罪にあっているか——犯罪空間の実情・要
　　因・対策——　晶文社
　　子どもが犯罪に遭った場所を具体例で示し分析しています。

キーワード

防犯心理学，環境設計，プルイット・アイゴー，守りやすい（住）空間，領域性，
境界の画定，自然監視，イメージ，環境，CPTED（防犯環境設計），犯罪者の合
理的選択理論，状況的犯罪予防，犯罪の転移，利益の拡散，ネイバーフッドウォッ
チプログラム，割れ窓理論，ゼロ・トレランス，銃の規制，CRAVED モデル，性
犯罪者，電子監視，GPS 監視，防犯カメラ（CCTV），防犯教育，地域安全マップ
作り運動，メーガン法，ウェッターリング法

予習問題

　　自分の居住している地域の治安が良好かどうかについて評価し，より安全にして
いくためにはどのようにすればよいか，考察して下さい。

第 **11** 章

矯正・更生保護

　矯正とは，犯罪を犯した成人や少年に対して刑罰を科し，再び犯罪を犯さないようにするための活動のことで，おもに法務省所管の刑務所，少年院などの施設で行われるものをさします。

　また，更生保護とは，仮釈放や保護観察など，社会内で行われる更生のための諸活動をさします。

　本章では，まず，犯罪の発生から刑罰の執行までの司法システムの流れを理解した後，矯正機関で行われている活動や，現在の矯正システムの問題点について順次見ていくことにします。

11.1 成人犯罪者の処遇の流れ

11.1.1 捜査段階（警察）

　犯罪が発生した場合，司法機関では，どのような手続きが行われるのでしょうか。この手続きは，犯人が成人の場合と少年の場合では大きく異なっています。ここでは，まず，成人の場合から説明していきましょう（図 11.1）。

　犯罪は，まず最初に一次的な捜査機関である**警察**が**捜査**を行います。犯人が明らかでない場合には，**被疑者**（起訴前までは被疑者とよばれ，起訴後は被告人とよばれる）・**被害者**・**目撃者**などの**参考人**の取調べ，人の身体，物，被疑者宅，現場などの捜索，証拠物品の押収，現場の実況見分・検証，鑑定嘱託などによって犯人を割り出します。警察の仕事は犯人逮捕であると考えられることが多いですが，犯人の身柄を確保することよりも，その人間が犯人であることを証明し，裁判で有罪にするための資料を集めることがその中心になります。さて，被疑者が浮かんできて，ある程度の容疑が固まると**検挙**されますが，**逮捕**されるのは証拠隠滅や逃走の恐れのある場合のみなので，事件全体の 30 ％程度です。つまり，多くの事件は被疑者在宅のままで手続きが進行します。

　アメリカの警察では，疑いの程度がそれほどでなくても逮捕を行い，その後の勾留期間は短く設定されていますが，日本では逮捕はかなり慎重に行うかわりに，逮捕された場合にはその多く（93 ％）が勾留されます。あらかじめ検察官が指定した軽微な事件については，微罪処分となり処分が終了します。それ以外の事件は検察に送致されます。

11.1.2 捜査段階（検察）

　検察では，**検察官**が警察が捜査段階で収集した被疑者やその他の参考人の調書，実況見分や押収・捜索・検証などによって得られた各種の証拠を基に，起訴するかどうかを決定します。日本では，起訴便宜主義がとられていて，検察官が被疑者の性格や年齢，置かれた環境，示談の有無，監督者の有無や

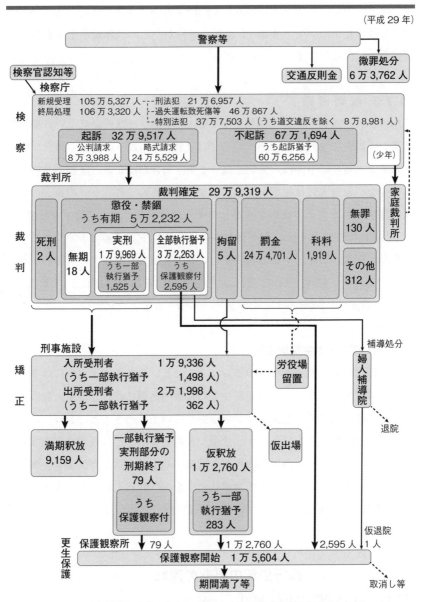

図 11.1　刑事司法手続（成人）の流れ（平成 30 年版「犯罪白書」より）

犯罪後の状況などを総合的に判断して**起訴**するかどうかを決定します。実際には交通事犯を除いても4割〜5割弱の事件が不起訴（嫌疑不十分あるいは起訴猶予）になります。

11.1.3 裁判段階

起訴された場合，一般刑法犯では，3分の1程度は**略式命令**という**簡易裁判所**の手続きになります。略式命令では，100万円以下の罰金や科料が科せられます。残りの事件は，**公判**となります。公判が始まると証拠隠滅の可能性の少ない**被告人**には保釈が許されます。もちろん，殺人などの重罪の被告人は保釈されるケースはあまりありません。**裁判**は，現状では1カ月に1，2回の頻度で開かれます。**裁判員裁判**の場合は集中して審理が開かれます。必要な証拠調べが終了すると判決がいいわたされます。判決が有罪の場合，日本では死刑，懲役，禁固，罰金，拘留または科料のいずれかになります（懲役，禁固は，2025年より拘禁刑に一本化されます）。

11.1.4 矯正・更生保護段階

懲役刑となると**刑務所**などの施設に入ることになります。実際には多くの場合が執行猶予になり，保護観察などの**社会内処遇**に移行します。社会内処遇の場合は，日常生活を続けながら更生していくということになり，失業や家庭崩壊を防ぐことができます。仕事や家族を失うことは再犯を促進する重要な要因なので，社会内処遇は再犯を抑制する上で有効な方法です。海外では，社会内処遇の一つとして社会奉仕命令が出されることもあります（コラム11.9参照）。仮釈放になった場合にも社会内で処遇が行われます。

11.2 非行少年の処遇の流れ

11.2.1 非行少年の処遇の原則

では，少年が検挙された場合にはどのような手続きが行われるのでしょう

コラム 11.1　刑務所にはどのような人たちが入るのか

　多くの人は何か犯罪を犯すと必ず刑務所に行かなければならないのだ，と思っているかもしれませんが，実際には検挙された人たちの中で刑務所に行くのはごく一部です。実際には数多くの事件が，微罪処分，不起訴や起訴猶予，あるいは執行猶予などになっています。現在，刑務所に収容されているのは，4万人程度です。では，刑務所に入る人はどのような人たちなのでしょうか。まず，罪種として最も多いのは窃盗です。次は，覚醒剤取締法違反です。この2つの罪種の収容者の比率は，3：2くらいですが，ここで注意しなければならないのは検挙人員で見れば，この比率は，70：1くらいだということです。また，殺人や強盗，不同意性交などの凶悪犯罪の犯人はあわせても7％程度しかいないということにも留意しなければなりません。入所者の中で最も多いのは40代ですが，近年，受刑者の高齢化が大きな問題となっています。

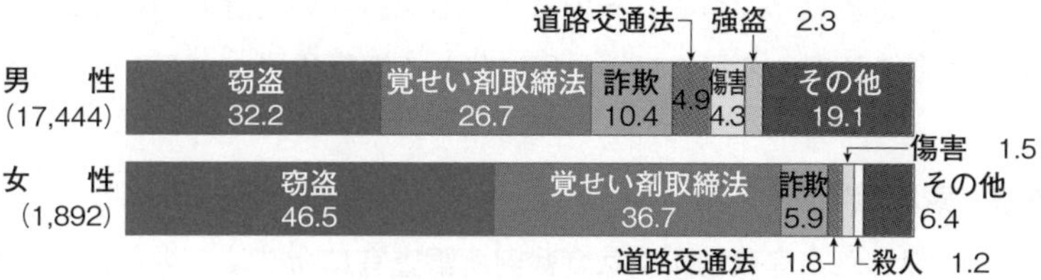

道路交通法┐　┌強盗　2.3

	窃盗	覚せい剤取締法	詐欺		傷害	その他
男性(17,444)	32.2	26.7	10.4	4.9	4.3	19.1

傷害　1.5

	窃盗	覚せい剤取締法	詐欺		その他
女性(1,892)	46.5	36.7	5.9		6.4

道路交通法 1.8　殺人 1.2

図 11.2　入所受刑者の罪名別構成比（男女別）（平成 29 年）
（平成 30 年版「犯罪白書」より）

（注）1. 矯正統計年報による。
　　　2. （　）内は，実人員である。

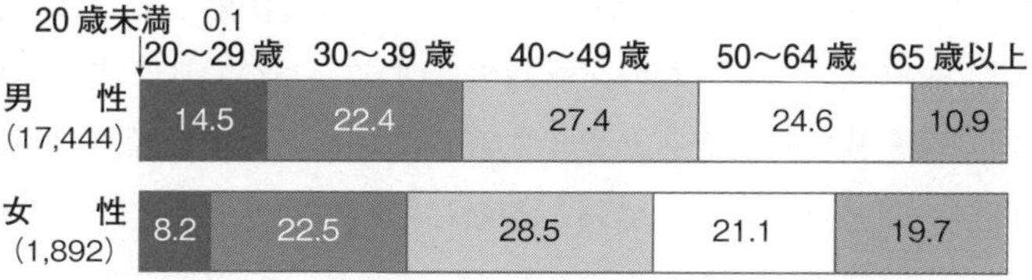

20 歳未満　0.1

	20〜29歳	30〜39歳	40〜49歳	50〜64歳	65歳以上
男性(17,444)	14.5	22.4	27.4	24.6	10.9
女性(1,892)	8.2	22.5	28.5	21.1	19.7

図 11.3　入所受刑者の年齢層別構成比（男女別）（平成 29 年）
（平成 30 年版「犯罪白書」より）

（注）1. 矯正統計年報による。
　　　2. 入所時の年齢による。
　　　3. （　）内は，実人員である。

か。少年は成人に比べて未熟であり，非行行為に至る原因も単純ではありません。また，更生可能性も大きいことから，成人とは異なった**少年司法システム**があります。先進国のほとんどで少年に対する特別なシステムが存在します（図 11.4）。

11.2.2　警察・検察段階

　非行少年が警察に検挙された場合，軽微な事件は直接家庭裁判所に，それ以外の事件の場合には**検察官**に送致します。検察官は原則として，これらすべての事件を家庭裁判所に送致します。これを**全件送致主義**といいます。非行少年の処遇の決定を，専門機関である家庭裁判所に一元化しているのです。非行少年であっても逮捕されることはありますが，その後，成人の犯罪者のように警察の留置場に勾留されるのは「やむを得ない場合」のみであり，身柄を拘束する必要がある場合は「勾留に代わる観護措置」がとられます。

11.2.3　家庭裁判所

　事件を受理した家庭裁判所は**家庭裁判所調査官**に命じて，少年自身，家族，友人関係，教育歴，学校関係や生育環境などを調査させます。また，「観護措置」の少年や「勾留に代わる観護措置」の少年は**少年鑑別所**に入所し，**法務技官**や**矯正医官**によってその心身の状態を調査されます。

　家庭裁判所は，少年に対する処分を直ちに決めることが難しい場合，少年を適当な期間，家庭裁判所調査官の試験観察に付すことができます。試験観察においては，家庭裁判所調査官が少年や家族に対して面接を繰り返しながら，少年が自らの問題点を改善していこうとしているかどうかといった視点で観察を続けます。裁判官はこれらの結果を踏まえて，最終的な処分を決定します。

　死刑，懲役などにあたる事件で，刑事処分が相当であると認めるときは家庭裁判所は，事件を検察官に送致します。通常の司法手続きの流れは検察官から裁判所という方向ですから裁判所から検察官というのは，逆向きの流れ

（平成 29 年）

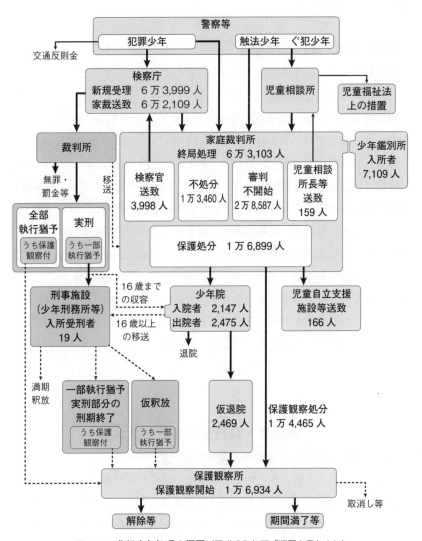

図 11.4　**非行少年処遇の概要**（平成 30 年版「犯罪白書」より）

になります。そこで，これを**逆送**といいます。16歳以上の少年が故意に被
害者を死亡させた場合と18歳以上の特定少年が重大な犯罪を犯した場合は，
原則として逆送されます。

11.2.4 審判・矯正・更生保護

　家庭裁判所は，調査の結果，少年を審判に付す必要がないとき，あるいは
それが相当でないときは審判不開始によって事件を終結させます。実際には，
一般保護事件（ぐ犯，過失運転致死傷等を除く）のうち50％程度が審判不
開始です。**審判**が行われた場合には，裁判官によって，保護観察（49％），
不処分（35％），少年院送致（12％），児童自立支援施設等送致（1％），検察
官送致（年齢超過，刑事処分相当2％），などの決定が行われます。**少年院**に
送致された場合には，非行深度によって短期処遇か長期処遇に分けられます。
短期処遇は6カ月以下，長期処遇は原則2年以内の収容期間です。少年院入
院者の非行名別構成比を見てみると，男子では窃盗と傷害・暴行が，女子で
は窃盗，覚せい剤取締法違反が多いことがわかります（**図11.5**）。ここでは，
共同生活を通して，生活習慣の改善や学習勤労習慣の育成，教科教育，職業
訓練などが行われます。保護観察となった場合には保護司や保護観察官の指
導の下で，一定の約束事を守らせながら，社会生活を送らせ，更生させてい
きます。

11.3 犯罪者・非行少年のアセスメント

11.3.1 司法システムにおける心理学の専門家

　さて，犯罪者や非行少年に対してわが国の司法システムはどのようなスタ
ンスで向き合っているのでしょうか。海外の司法システムの中には，刑務所
の役割として犯罪者を閉じこめて懲らしめるということに重点が置かれてい
る場合もありますが，日本の場合には，二度と犯罪を犯さないような人間に
教育し，成長させるという**矯正教育**に重点が置かれています。この傾向はと

コラム 11.2　少年院にはどのような少年が入っているのか

　少年犯罪で検挙されたとしても，そのすべてが少年院に行くわけではありません。家庭裁判所は事件の特性や少年の心身の状態や環境などを総合的に判断して，少年の処遇を決定します。実際には，少年院送致になるのは検挙された少年の一部でしかありません。少年院に収容された少年の中で最も多い非行が，男子と女子で大きく異なります。男子では窃盗が30～40％を占め，それに次いで傷害・暴行となります。女子の場合は窃盗が多く，それに次いで覚せい剤取締法違反となります（図11.5）。女子のグラフに見られるぐ犯とは，現在刑罰法規に触れることはしていないものの，このままではいずれ罪を犯してしまう可能性がある少年のことを指し，ある意味，犯罪予防・保護的な処遇ということができます。

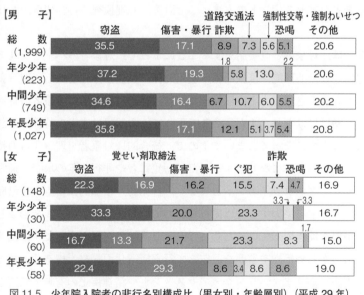

図 11.5　少年院入院者の非行名別構成比（男女別・年齢層別）（平成 29 年）
　　　　（平成 30 年版「犯罪白書」より）

（注）1.　矯正統計年報による。
　　　2.　年少少年は 14，15 歳，年中少年は 16，17 歳，年長少年は 18，19 歳である。年齢は入院時であり，「年少少年」は，14 歳未満の者を含み，「年長少年」は，入院時に 20 歳に達している者を含む。
　　　3.　（　）内は，実人員である。

くに少年司法システムにおいて顕著です。そこで，犯した犯罪の重さによっ
て画一的な処分をするのではなく，犯人や非行少年がなぜ事件を犯したのか，
どのようにすれば更生できるのかを考え，処分や処遇が決められます。その
ために，家庭裁判所，少年鑑別所，少年院や刑務所などには心理学，教育学，
社会学，そして医学的観点から裁判官の判断をサポートしたり，矯正教育を
行っていく専門的なスタッフが配置されています。心理学の専門スタッフに
は，**家庭裁判所調査官**，**法務技官**などがいます。

11.3.2　アセスメントの基本，面接

　少年の場合，少年鑑別所の段階からさまざまなアセスメントを受けること
になります。アセスメントの方法には，面接，心理検査，行動観察がありま
す。

　面接とは，対象者と直接話をすることによって，対象者のパーソナリティ，
対人関係，社会的態度，家族関係，友人関係，価値観，生活歴，問題行動歴
などを調査する過程です。心理検査などは，確かに客観的に対象者の特性を
理解する助けにはなりますが，そこで現れてくる結果は本人の特性の一部を
切り取ったものになってしまいますので，統合的に対象者を理解する面接は
アセスメントの基本になります。ただし，犯罪者や非行少年の場合，通常の
カウンセリングのクライエントと異なり，自発的，積極的に素直に自己開示
しアセスメントに協力するとは限らないので，短時間でラポールを形成し，
必要な情報を聞き取っていくためには十分な訓練と経験が必要です。面接の
中にはあらかじめ手順や質問を設定して行う構造化面接や半構造化面接とい
われる方法もあります。リスク・アセスメントや精神疾患の有無の判断など
面接の目的がある程度はっきりしている場合には，これらの方法も用いられ
ることがあります。

11.3.3　心 理 検 査

　心理検査は，アセスメントのために標準化されたツールを用いて対象者を

コラム 11.3　少年犯罪の凶悪化，低年齢化をめぐる議論

　神戸連続児童殺傷事件の犯人が少年だったことなども影響して，1997年ごろから，マスコミを中心として少年犯罪が凶悪化，低年齢化しているといわれ始めました。これに基づいた国民の声に後押しされて，2000年には少年法自体が「厳罰化」する方向で改正されました。しかしながら，そもそも少年犯罪が凶悪化，低年齢化しているというのは事実なのでしょうか。この問題について多くの議論が引き起こされました。

　この傾向に懐疑的な論者は次のような点をあげて反論しました。まず，データから見て，凶悪化があまりはっきりとは見られないということです。少年による殺人事件は昔から横ばいで，とくに増加の兆しは見られていません。また，確かに，神戸連続児童殺傷事件は残虐な事件でしたが，歴史的に見ればこの種の事件は何も最近始まったわけではなく，もっと残酷な事件もそれ以前に数多く起きています。データを見てみると，強盗事件は確かにこの時期急増したのですが（図11.6），その多くはひったくり（窃盗）の際に被害者に怪我をさせた（強盗）ケースなどであり，凶悪化の証拠とはいえないというわけです。

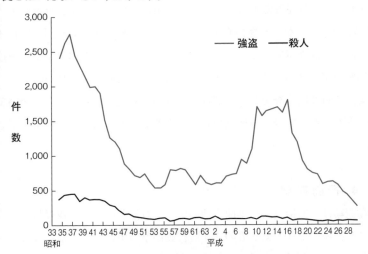

図 11.6　**少年による強盗事件と殺人事件の件数の推移**
（令和元年版「犯罪白書」を基に作成）

理解する過程です。ツールの中にはさまざまなタイプのものがあります。まず，**知能検査**があります。犯罪者や非行少年の中には，知能の低いものがおり，これが犯罪や非行を引き起こした原因の一つとなっている場合があります。また，発達障害を持つ少年の事件も少なくありません。そこで，知能検査によって個人の知的水準を調べます。代表的なものとして田中・ビネー知能検査やウェクスラー式知能検査，K-ABC検査などが用いられています。

　次に**性格検査**（パーソナリティテスト）があります。性格検査の中には，質問紙法と投影法があります。質問紙法は，「ちょっとしたことで，くよくよするほうですか」「人から頼まれるといやとはいえないほうですか」などの質問に「はい」「いいえ」あるいは「よくあてはまる」から「まったくあてはまらない」までの5〜7段階の回答を行っていき，その結果から総合的な性格を把握するものです。これには法務省式人格目録，法務省式態度検査，5因子性格検査，エゴグラムなどがあります。投影法は絵を描かせたり，絵を解釈させたり，文章を書かせたりする作業を行わせ，そこに現れてくるパーソナリティ特性を読み取っていくという方法です。ロールシャッハテスト，TAT，HTP（家・木・人物描画テスト），バウムテスト，家族画，P–Fスタディ，法務省式文章完成法などがあります。また，箱庭を作りながら面接を行う箱庭面接などの方法もあります。一般には，初期のスクリーニング段階で，集団で質問紙検査を行い，個別処遇計画の立案のためにさらに深いアセスメントが必要な場合に投影法などの個別的なアセスメントを使用していきます。

11.3.4　行 動 観 察

　行動観察は，面接段階や集団生活の中で，対象者の行動を観察し，その行動特性を把握しようとするものです。行動観察の中には，観察者はなるべく影響を与えず，普段の生活をありのままに観察する静的行動観察と，ロールプレイング，集団討議など意図的・操作的に設定された場面において行う意図的行動観察があります。

コラム 11.4　ペットと更正プログラム

　アニマルセラピーは各種の動物とのふれあいを通して心理的な問題をいやしていく心理療法の一つで，さまざまな障害に効果があることがわかっています。そのため，矯正においても動物を取り入れる手法が試行され，効果を上げています。たとえば，アメリカの刑務所では「介護犬養成プログラム」が実施されています。これは受刑者が1人1匹の犬と寝食をともにしながら介護犬を養成していくプログラムです。1匹の介護犬の養成には1年以上かかるのですが，その間，受刑者はその犬のトレーニングだけでなく，日常の世話までこなさなければなりません。類似のプログラムは日本の刑務所でも行われており，PFI（Private Finance Initiative）刑務所である島根あさひ社会復帰促進センターでは，受刑者による盲導犬養成が行われています。また，美祢社会復帰促進センターには，「ペット総合科」という職業訓練コースが設けられていて，ここでは，トリマーの技術習得や，家庭犬の訓練方法についての教育を受けることができます。

コラム 11.5　犯罪者に「規律を叩き込む」方法は有効か

　アメリカでは，矯正教育にブートキャンプ（boot camp）を導入している施設があります。ブートキャンプというのは，軍隊式の基礎訓練キャンプのことです。軍隊のトレーニングが勤勉と規律維持をその基礎としていることから，矯正教育においてもこれを導入したらよいのではないか，というアイディアが出され実施されました。最初のプログラムは，1983年にジョージア州で行われ，その後，成人向け，少年向けに多くのプログラムが実施されました。その後，これらのプログラムの効果を確認する研究がいくつか行われました。たとえば，マッケンジーとショーはブートキャンプ修了者と途中脱落者の再犯率を比較しましたが，残念ながら有意な再犯防止効果は見られませんでした（MacKenzie & Shaw, 1993）。犯罪者に対して，刑務所が「規律を叩き込む」べきだと考える人は多いのですが，このような処遇は意外と効果を上げない可能性があるのです。

11.4 矯正教育とその問題

11.4.1 処遇の個別化

　犯罪者や非行少年といっても，そこに至った原因はさまざまなので，画一的な処遇をするわけにはいきません。そこで，矯正の段階では，一人ひとりが犯行に至った原因やそれぞれの人格や気質を科学的・専門的知識に基づいてアセスメントし，受刑者個々人の特性と必要性に応じた処遇，いわば，オーダーメイドの処遇をすることが必要です。これを**処遇の個別化**といいます。とくに少年は，可塑性に富んだ存在でもあり，また少年司法の原則は，行った犯罪を裁く「行為主義」でなく，犯罪を行った人を矯正する「行為者主義」ですから，これが重要になってきます。

11.4.2 少年院での矯正教育

　少年院での治療教育は，生活指導，職業指導，教科教育，保健体育，特別活動の 5 つに分けられています。このうち，矯正教育はおもに生活指導の中で行われています。生活指導の場では，個別面接やグループワークを通して今までの自分の行動を振り返り，自分を見つめ直すとともに今後の社会生活への見通しを作っていく試みが行われます。より具体的には，箱庭療法，コラージュ療法，内省，内観などによって，自分への気づきを深めさせる活動や，ロールプレイングやソーシャルスキル・トレーニング，モデリング手法を用いながら，社会生活をうまくやっていけるようなスキルを身につける練習などが行われています。最近では，被害者の立場に立ってものを考えるトレーニングや，認知行動療法を用いて犯罪行動やその前提となるゆがんだ認知を修正する試みなどが行われています。

11.4.3 子どもに対する性犯罪者への処遇

　ここ数年，薬物犯罪や性犯罪など対象者が犯した罪種ごとに異なった矯正プログラムが実行されるようになってきました。この中で，近年注目を浴び

コラム 11.6　非行に対するショック療法は有効か？

　アメリカでは，恐怖プログラム（scared straight）といわれる処遇が非行少年を対象に行われたことがあります。これは，犯罪に手を染めたばかりの子どもたちを重警備の刑務所に連れて行き，そこで受刑者と対面させて彼らに刑務所の恐ろしさや悲惨さを教えるというプログラムです。つまり，一種のショック療法によって犯罪を抑制しようというものです（Homant & Osowski, 1981）。

　アメリカ全土でたくさんのプロジェクトが行われましたが，その一つがミシガン州で行われた JOLT（Juvenile Offenders Learn Truth）プログラムです。このプログラムでは，平均 15 歳の少年に対して 2 時間 30 分の刑務所体験が行われました。では，この訪問は非行少年の再犯防止効果があったでしょうか。訪問後，6 カ月で再び検挙されたかどうかを指標として，このプログラムを受けなかった子どもと比較したデータを以下の表にあげます（表 11.1）。

　この表を見てわかるとおり，効果は全くありませんでした。他の州で行われたプログラムでも同様で，この処遇で効果を上げたものはありませんでした。それどころか，ハワイ州で行われたプログラムでは，逆に再犯率が上がってしまいました（Buckner & Chesney-Lind, 1983）。この結果を見ると，非行少年に対するショック療法はどうやらあまり効果がないようです。

表 11.1　JOLT プログラム参加者と非参加者がプログラム 6 カ月で再犯した割合（Lundman, 1993）

	n	1 回以上の刑事罰	刑事罰なし
実験群	39	30.8%	69.2%
統制群	45	28.9%	71.1%

ているのが**子どもに対する性犯罪者への処遇**です。

　子どもに対する性犯罪者をどのように矯正していけばよいのかは，国内外を問わず大きな問題でした。海外では，さまざまな方法が試されてきました。当初は，子どもに向けられる性欲は対象を誤った性的な条件づけの結果だという考えに従って，嫌悪条件づけなどの方法によって子どもに対する性欲を消去しようという方法が試みられたこともありました。しかし，この方法は，ほとんど効果がありませんでした。研究の結果，子どもに対する性犯罪は単に特殊な性嗜好によって生じるだけでなく，自尊心や，ソーシャルスキル，自己コントロールなどのさまざまな要因によってもたらされるものであるということがわかってきたのです。そのため，現在では単に性嗜好を消去したり変化させるという考え方でなく，認知行動療法やカウンセリングなどさまざまな方法で，犯罪者の人格全体，行動全体に働きかけていくという方法が試されています（**コラム 11.7**）。

11.4.4　リラプス・プリベンション

　近年，注目を浴びている手法の一つに**リラプス・プリベンション**（relapse prevention）・**モデル**があります。この方法では，子どもに対する性的な嗜好自体を治療するのではなく，再発を予測し，自己統制によって再発を防止する対処の仕方をトレーニングしようとしています。たとえば，子どもに対する性犯罪者は，犯行に先立って不安感やうつ感覚が生じ，引き続いて犯行に対する空想，衝動などが生じ，ポルノグラフィを見ながらマスターベーションを行い，最終的に空想を実現するために外出するという一連の行動をとることがわかっています。

　この連鎖が生じてしまえば最終的に犯行に至ってしまうのですが，自らの力で自分がこの連鎖の中に入ってしまったことを理解し，連鎖を断ち切るための方策をとることによって犯行を防ぐことができるというものです。再発に結びつく事態を，**ハイリスク事態**とよびます。つまり，ハイリスク事態であることに自分で気づき，それに対処していくためのトレーニングをするの

コラム 11.7　性犯罪者に対する再犯防止プログラム

　性犯罪者の一部には再犯リスクが高いものがいます。そこで，刑務所や保護観察において再犯防止のための心理学的な働きかけができないか，検討されてきました。現在，日本の刑務所等では，認知行動療法やリラプス・プリベンション等に基づいた再犯防止プログラムが実施されています。カリキュラムは表11.2のようになっています。基本的に6〜8名のグループで週1〜2回，1回100分で4〜9カ月かけて実施されます。このプログラムの効果については検証が行われており，一定の再犯防止効果が認められています。たとえば，2012年から2015年までに再犯防止プログラムを受けた性犯罪者の3年間の再犯率は27.3％（15.0％）で，受けていないものの38.0％（22.5％）よりも有意に少ないことがわかりました（（　）内は性犯罪のみ）。

表 11.2　**性犯罪者に対する再犯防止プログラムのカリキュラム**
（令和元年度版「再犯防止推進白書」より作成）

項目		方法	指導内容	高密度	中密度	低密度
オリエンテーション		講義	・指導の構造，実施目的について理解させる。 ・性犯罪につながる問題性を助長するおそれがある行動について説明し，自己規制するよう方向付ける。 ・対象者の不安の軽減を図る。			
準備プログラム		グループワーク	・受講の心構えを養い，参加の動機付けを高めさせる。	必修	必修	—
本科						
	第1科 自己統制	グループワーク 個別課題	・事件につながった要因について幅広く検討し，特定させる。 ・事件につながった要因が再発することを防ぐための介入計画（自己統制計画）を作成させる。 ・効果的な介入に必要なスキルを身に付けさせる。	必修	必修	必修 （凝縮版）
	第2科 認知の歪みと変容方法	グループワーク 個別課題	・認知が行動に与える影響について理解させる。 ・偏った認知を修正し，適応的な思考スタイルを身に付けさせる。 ・認知の再構成の過程を自己統制計画に組み込ませる。	必修	選択	—
	第3科 対人関係と親密性	グループワーク 個別課題	・望ましい対人関係について理解させる。 ・対人関係に係る本人の問題性を改善させ，必要なスキルを身に付けさせる。	必修	選択	—
	第4科 感情統制	グループワーク 個別課題	・感情が行動に与える影響について理解させる。 ・感情統制の機制を理解させ，必要なスキルを身に付けさせる。	必修	選択	—
	第5科 共感と被害者理解	グループワーク 個別課題	・他者への共感性を高めさせる。 ・共感性の出現を促す。	必修	選択	—
メンテナンス		個別指導 グループワーク	・知識やスキルを復習させ，再犯しない生活を続ける決意を再確認させる。 ・作成した自己統制計画の見直しをさせる。 ・社会内処遇への円滑な導入を図る。			

です。

11.4.5　「処遇は効果を上げているか？」論争

　では，矯正施設で行われている処遇は本当に再犯防止効果があるのでしょうか。この問題を直接検討したのは，マーティンソン（Martinson, 1974）でした。彼は，1945〜67 年に出版された矯正に関する研究の中から，統制群があること，客観的な基準があること，十分な実験参加者がいることなどの基準を満たした研究 231 件を抽出し，分析を行いました。その結果，驚くべきことに，カウンセリング，教育，職業訓練，心理療法，コミュニティプログラムなどの各種処遇が再犯防止にはほとんど効果を上げていないということが明らかになりました。その後，ライトとディクソンが 1965〜74 年の研究を基にして，ラブとホワイトヘッドが 1975〜84 年の研究を基にして同様の研究をしていますが，いずれの研究も矯正の効果は得られていません（Wright & Dixon, 1977；Lab & Whitehead, 1988）。これらのことから矯正は「全く有効ではない（nothing works）」といわれるようになりました。

　このような諸研究は，アメリカの矯正政策が「医療モデル（犯罪者を一種の病人とみなして，矯正施設はそれを治療するのが目的だという考え方）」から「公正モデル（犯罪者を社会から隔離するのが刑務所の目的であり，犯した罪に応じて画一的に公平に刑期を決定すべきであるという考え）」に変わっていく大きな契機になったのは事実です。

11.4.6　どのような処遇が効果を持つのか？

　ただし，これらの研究はさまざまな処遇を込みにして分析しているという問題点もあります。処遇方法の中には確かに効果がない，あるいは逆効果のものもあるかもしれませんが，効果を上げることができる方法もあるはずです。その後，リプセイとウィルソンはこのような観点からの分析を行い，グループカウンセリングや施設内処遇における個人カウンセリングなど達成目標や目的があまりはっきりしない一般的な介入はあまり効果を持たないもの

コラム 11.8　社会内処遇が問題となった 3 つの大きな事件

　2004〜05 年にかけて起こった 3 つの大きな事件によって，更生保護に関して国民からその実効性を疑問視する声が相次ぎ，法務省は「更生保護のあり方を考える有識者会議」を立ち上げました。問題となった最初の事件は，2004 年 11 月に奈良市で起きた女児誘拐殺人事件です。この事件の被告人は性犯罪で受刑したことも，保護観察になったこともありました。また，2005 年 2 月に愛知県安城市の大型スーパー内で発生した幼児通り魔殺人事件では，検挙された男性が，仮釈放中（3 号観察中）に，所在不明になり，仮釈放からわずか 9 日後に事件を引き起こしたことがわかりました。そして第 3 の事件は，2005 年 5 月に被疑者が逮捕された少女監禁事件です。犯人は，ネットを通じて知り合った兵庫県の少女を上京させ，都内のマンションでペット用の首輪をつけて 3 カ月にわたって監禁しました。この事件の犯人は，北海道で同様の事件を起こし，保護観察付き執行猶予中（4 号観察中）でした。

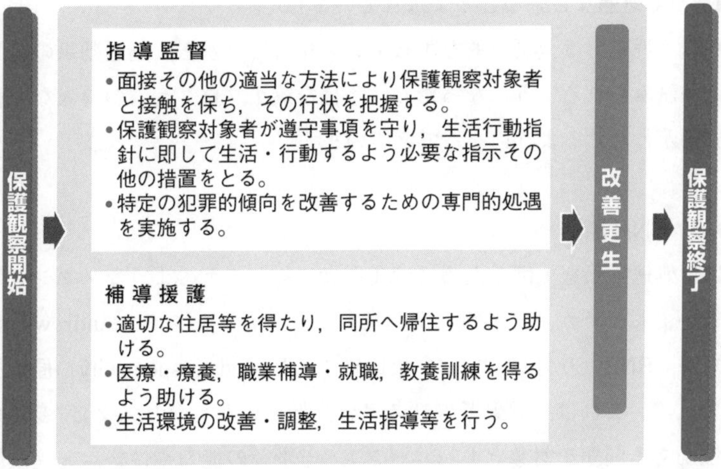

保護観察開始

指導監督
- 面接その他の適当な方法により保護観察対象者と接触を保ち，その行状を把握する。
- 保護観察対象者が遵守事項を守り，生活行動指針に即して生活・行動するよう必要な指示その他の措置をとる。
- 特定の犯罪的傾向を改善するための専門的処遇を実施する。

補導援護
- 適切な住居等を得たり，同所へ帰住するよう助ける。
- 医療・療養，職業補導・就職，教養訓練を得るよう助ける。
- 生活環境の改善・調整，生活指導等を行う。

改善更生

保護観察終了

図 11.7　**保護観察の方法**（法務省保護局ホームページより）

の，対人スキルトレーニングや認知行動療法などの目標がはっきりと構造化
されたプログラムや，コミュニティプログラムなどに関しては，比較的高い
効果が一貫して得られているということを示しています（Lipsey & Wilson,
1998）。このような考え方を「**何かは有効に働いている（something works）
論**」といったりします。

11.4.7　日本における矯正教育の展開

　日本の矯正場面では，このような論争は起こらず，規律維持と刑務作業を
中心とした処遇が長い間行われ，効果的な処遇プログラムを模索するなどの
試みはあまり行われてきませんでした。また，教育的な処遇が効果を上げて
いるという報告はされていましたが，具体的な根拠はあまり示されていませ
んでした。とくに，統制群などを用いた客観的な処遇効果の測定は，ほとん
ど行われていませんでした。また，収容少年や受刑者の分類は厳密に行われ
ていたのですが，それに見合った個別処遇が十分に行われていないことから，
「**分類あって処遇なし**」などとよばれていました。

　しかし，近年では全世界的なエビデンス化の流れから，処遇効果の客観的
な測定が試みられるようになったり，多様な矯正プログラムの導入など積極
的な施策が行われるようになってきています。

11.4.8　RNR 原則

　では，処遇効果を上げるためには犯罪者に対してどのようなスタンスで臨
めばよいでしょうか。この点に関して，アンドリュースら（Andrews et al.,
1990）が，**RNR**（リスク–ニーズ–反応性：risk-needs-responsivity）原則を提
案しました。これは，対象者のリスクの高低に応じて（リスク），変化する
可能性がある問題を対象とし（ニーズ），当事者の能力や性格，発達段階な
どに合った介入（反応性）を行うべきだという原則です。RNR 原則は現在，
犯罪者矯正教育においては最も基本的な原則として広く利用されています。

コラム 11.9　社会奉仕命令

　2010年11月に，アメリカのホテル王の娘でタレントのパリス・ヒルトン（Paris Hilton）が，カリフォルニア州ハリウッドで，壁の落書き消し作業に従事したことは日本でも報じられました。彼女は，2010年にラスベガスでコカイン所持で逮捕され，司法取引で，禁固1年，執行猶予1年と罰金，社会奉仕などを命じられたのです。この**社会奉仕命令**（community service order）に従って，彼女は，落書き消しに従事したのです。

　社会奉仕命令は，アメリカ，イギリスやドイツなどで広く導入されている制度で，裁判所の命令と指揮，管理下で本人の同意の下（イギリスなどのように同意を必要としない制度もあります），資質に合った無報酬の社会奉仕を一定時間行わせることができるという制度です。一般に，それほど重くない犯罪には罰金刑が用意されていますが，罰金刑は一身専属性を持たず，他人（たとえば両親）などが支払うことも可能です。そこで，社会奉仕など一身専属性があり，社会教育上意義のあるこのような制度が導入されたのです。

コラム 11.10　サムの息子法

　1997年に発生した神戸連続児童殺傷事件の犯人は，当時少年だったことから少年Aとして報道されました。その後，彼は医療少年院送致となり，2004年に出院しました。ところが2015年に，彼は『絶歌』という告白本を出版しました。この本は10万部以上のベストセラーになり，その結果として彼に数千万円の印税が支払われたといわれています。このように犯罪者が自己の犯罪経験を出版したり，その事件の映画化権を売るなどして報酬を得ることは倫理的に許されることなのでしょうか。アメリカでは「サムの息子」とよばれた連続殺人犯人のデビッド・バーコヴィッツがやはり同様のことを行おうとしました。そこで，ニューヨーク州はそれを阻止すべく，犯罪者が犯罪に関する表現行為やその商業的利用によって収益を得た場合，それを剥奪する法律を作りました。この法律を通称「**サムの息子法**」といいます。しかし，この法律はアメリカの最高裁で違憲の判決が出されています。もちろん，日本にはこのような法律はありません。

参 考 図 書

藤岡 淳子（編著）（2007）．犯罪・非行の心理学　有斐閣
　矯正，更生保護，警察の第一線で豊富な経験を持つ心理学者が執筆した犯罪と非行についてのテキストです。

生島 浩（編著）（2019）．司法・犯罪分野——理論と支援の展開——　創元社
　心理学の専門家が司法・犯罪分野でどのような仕事をしているのかについて，具体的に解説されているテキストです。

キーワード

警察，捜査，被疑者，被害者，目撃者，参考人，検挙，逮捕，検察，検察官，起訴，略式命令，簡易裁判所，公判，被告人，裁判，裁判員裁判，矯正，更生保護，刑務所，社会内処遇，非行少年，少年司法システム，刑務所，家庭裁判所，全件送致主義，家庭裁判所調査官，少年鑑別所，法務技官，矯正医官，逆送，審判，少年院，矯正教育，アセスメント，面接，心理検査，知能検査，性格検査，行動観察，ブートキャンプ，処遇の個別化，恐怖プログラム，JOLT プログラム，子どもに対する性犯罪者への処遇，リラプス・プリベンション・モデル，全く有効ではない，何かは有効に働いている，分類あって処遇なし，RNR 原則，社会奉仕命令，サムの息子法

予 習 問 題

- もし，あなたが犯罪を犯して検挙されたとすると，どのような経過をたどるか，あなたが少年の場合と成人の場合，犯した罪が万引きだった場合と殺人だった場合に分けて調べて下さい。
- そのプロセスに心理学の専門家がどのように関与しているか，また関与してほしいかについてまとめて下さい。

引用文献

Alison, L., Rockett, W., Deprez, S., & Watts, S. (2000). Bandits, cowboys and Robin's men: The facets of armed robbery. In D. Canter, & L. Alison (Eds.), *Profiling property crimes.* Ashgate.

Amato, P. R. (1996). Explaining the intergenerational transmission of divorce. *Journal of Marriage and the Family, 58* (3) 628-640.

Amato, P. R., & Keith, B. (1991). Parental divorce and the well-being of children: A meta-analysis. *Psychological Bulletin, 110* (1), 26-46.

アメリカ都市開発局ホームページ
〈http://www.hudser.org./portal/publications/def.pdf〉(2011 年 11 月 1 日)

Anderson, C. A. (1997). Effects of violent movies and trait hostility on hostile feelings and aggressive thoughts. *Aggressive Behavior, 23*, 161-178.

Anderson, C. A., & Murphy, C. R. (2003). Violent video games and aggressive behavior in young women. *Aggressive Behavior, 29* (5), 423-429.

Andrews, D. A., Bonta, J., & Hoge, R. D. (1990). Classification for effective rehabilitation: Rediscovering psychology. *Criminal Justice and Behavior, 17* (1), 19-52.

青野 奈々子 (2019). 不正事例で基礎から学ぶコーポレートガバナンス新時代の内部統制 第一法規

Armitage, R., & Pease, K. (2008). Predicting and preventing the theft of electronic products. *European Journal of Criminal Policy Research, 14*, 11-37.

Australian Institute of Criminology. *ABA Armed Attacks Database, 1998-2002.* [computer file]

Bandura, A., Ross, D., & Ross, S. A. (1963). Imitation of film-mediated aggressive models. *Journal of Abnormal and Social Psychology, 66*, 3-11.

Banks, T., & Dabbs, J. M. (1996). Salivary testosterone and cortisol in a delinquent and violent urban subculture. *Journal of Social Psychology, 19*, 15-33.

Baron, L., & Straus, M. A. (1989). *Four theories of rape in American society.* Yale University Press.

Bartol, C. R., & Bartol, A. M. (2005). *Criminal behavior: A psychosocial approach* (7th ed.). Pearson Education.

バウマイスター, R. F. (2001). 自己愛に潜む暴力 日経サイエンス7月号

Beauregard, E., & Proulx, J. (2002). Profiles in the offending process of nonserial sexual murders. *Journal of Offender Therapy and Comparative Criminology, 46*, 386–399.

Bernard, T. J., Vold, G. B., & Snipes, J. B. (2001). *Theoretical criminology.* Oxford University Press.

Bernasco, W., & Nieuwbeerta, P. (2005). How do residential burglars select target areas? *British Journal of Criminology, 44*, 296–315.

Boaz, T. L., Perry, N. W., Raney, G., Fisher, I. S., & Shuman, D. (1991). Detection of guilty knowledge with event-related potentials. *Journal of Applied Psychology, 76*, 788–795.

Bohman, M. (1996). Predisposition to criminality: Swedish adoption studies in retrospect. In Ciba Foundation Symposium, *Genetics of criminal and antisocial behavior.* Wiley Chichester.

Bohman, M., Cloninger, C. R., Sigvardsson, S., & von Knorring, A-L. (1982). Predisposition to retty criminality in Swedish adoptees. I. Genetic and environmental heterogeneity. *Arch General Psychiatry, 39*, 1233–1241.

Borzycki, M. (2003). *Bank robbery in Australia.* Trends and issues in crime and criminal justice. No.253. Australian Institute of Criminology.

Boudreaux, M. C., Lord, W. D., & Etter, S. E. (2000). Child abduction: An overview of current and historical perspectives. *Child Maltreatment, 5*, 63–71.

Brown, G. L., Goodwin, F. K., Ballenger, J. C., Goyer, P. F., & Major, L. F. (1979). Aggression in humans correlates with cerebrospinal fluid amine metabolites. *Psychiatry Research, 1* (2), 131–139.

Brunner, H. G., Nelen, M., Breakefield, X. O., Ropers, H. H., & van Oost, B. A. (1993). Abnormal behavior associated with a point mutation in the structural gene for monoamine oxidase A. *Science, 262* (5133), 578–580.

Bryk, M., & Siegel, P. T. (1997). My mother caused my illness: The story of a survivor of Münchausen by Proxy Syndrome. *Pediatrics, 100*, July, pp. 1–7.

Buckner, J. C., & Chesney-Lind, M. (1983). Dramatic cures for juvenile crime: An evaluation of a prisoner-run delinquency prevention program. *Criminal Justice and Behavior, 10*, 227–247.

Campos, E., & Cusson, M. (2005). Serial killers and sexual murderers. In J. Proulx, É. Beauregard, M. Cusson, & A. Nicole (Eds.), *Sexual murderers: A comparative analysis and new perspectives.* John Wiley and Sons.

Centerwall, B. S., & Robinette, C. D. (1989). Twin concordance for dishonorable discharge from the military: With a review of the genetics of antisocial behavior. *Comprehensive*

Psychiatry, 30 (5), 442-446.

Christiansen, K. O. (1977). A preliminary study of criminality among twins. In S. A. Mednick, & K. O. Christiansen (Eds.), *Biosocial bases of criminal behavior.* Gardner Press.

Clarke, R. V. (Ed.) (1997). *Situational crime prevention: Successful case studies* (2nd ed.). Criminal Justice Press.

Cloninger, C. R., & Gottesman, I. I. (1987). Genetic and environmental factors in antisocial behavior disorders. In S. A. Mednick, T. E. Moffitt, & S. Srack (Eds.), *The cause of crime.* Cambridge University Press.

Crockett, M. J., Clark, L., Tabibnia, G., Lieberman, M. D., & Robbind, T. W. (2008). Serotonin modulates behavioral reactions to unfairness. *Science, 320* (5884), 1739-1739.

Cromwell, P. F., Olson, J. F., & Avary, D. W. (1991). *Breaking and entering: An ethnographic analysis of burglary.* SAGE.

Dabbs, J. M., & Dabbs, M. G. (2000). *Heroes, rogues, and lovers: Testosterone and behavior.* McGraw-Hill.

Dodge, K. A. (1980). Social cognition and children's aggressive behavior. *Child Development, 51,* 577-590.

Donnerstein, E., Donnerstein, M., & Barrett, G. (1976). Where is a facilitation of media violence: The effects of nonexposure and placement of anger arousal. *Journal of Research in Personality, 10,* 386-398.

Douglas, K. S., Lyon, D. R., & Ogloff, J. R. P. (1997). The impact of graphic photographic evidence on mock jurors' decision in a murder trial: Probative or prejudicial? *Law and Human Behavior, 21* (5), 485-501.

Dubowitz, H. (Ed.) (1999). *Neglected children: Research, practice, and policy.* SAGE.

Eisenberger, N. I., Lieberman, M. D., & Williams, K. D. (2003). Does rejection hurt? An fMRI study of social exclusion. *Science, 302* (5643), 290-292.

Erikson, M., & Friendship, C. (2002). A typology of child abduction events. *Legal and Criminological Psychology, 7,* 115-120.

Eron, L. D., Walder, L. O., & Lefkowitz, M. M. (1971). *Learning of aggression in children.* Little Brown.

Ertem, I., Leventhal, J. M., & Dobbs, S. (2000). Intergenerational continuity of child physical abuse: How good is the evidence? *Lancet, 356,* 814-819.

Finkelstein, J. W., Susman, E. J., Chinchilli, V. M., Kunselman, S. J., D'Arcangelo, M. R., Schwab, J., Demers, L. M., Liben, L. S., Lookingbill, G., & Kulin, H. E. (1997). Estrogen or testosteron increases self-reported aggressive behaviors in hypogonadal adolescents.

Journal of Clinical Endocrinology and Metabolosm, 82, 2433-2438.

Fox, J. A., & Levin, J. (2003). Mass murder: An analysis of extreme violence. *Journal of Applied Psychoanalytic Studies, 5*, 47-64.

藤岡 淳子 (編著) (2008). 関係性における暴力――その理解と回復への手立て―― 岩崎学術出版社

福井 裕輝 (2011). ホルモンと犯罪の関係 越智 啓太・藤田 政博・渡邉 和美 (編) 法と心理学の事典――犯罪・裁判・矯正―― 朝倉書店

Fulero, S. M. (2002). Afterword: The past, present, and future of applied pretrial publicity research. *Law and Human Behavior, 26* (1), 127-133.

Glueck, S., & Glueck, E. (1950). *Unraveling juvenile delinquency.* Commonwealth Fund.

Goode, W. J. (1971). Force and violence in family. *Journal of Marriage and the Family, 33*, 624-636.

Goodman, G., & Reed, R. S. (1986). Age differences in eyewitness testimony. *Law and Human Behavior, 10*, 317-332.

Gottfredson, M. R., & Hirschi, T. (1990). *A general theory of crime.* Stanford University Press.

Gottman, J. M., & Levenson, R. W. (2000). The timing of divorce: Predicting when a couple will divorce over a 14-year period. *Journal of Marriage and the Family, 62* (3), 737-745.

Grasmick, H. G., Tittle, C. R., Bursik, Jr., R. J., & Arneklev, B. J. (1993). Testing the core empirical implications of Gottfredson and Hirschi's general theory of crime. *Journal of Research in Crime and Delinquency, 30*, 5-29.

Gregory, J. (2003). *Sickened: The memoir of a Munchausen by Proxy childhood.* Arrow Books.

Groth, A. N. (1979). *Men who rape: The psychology of the offender.* Plenum.

Gudjonsson, G. H. (2018). *The psychology of false confessions: Forty years of science and practice.* John Wiley & Sons.

Hall, G. C. N., & Hirshman, R. (1992). Sexual aggression against children: A conceptual perspective of etiology. *Criminal Justice and Behavior, 19*, 8-23.

浜野 喬士 (2009). エコ・テロリズム――過激化する環境運動とアメリカの内なるテロ―― 洋泉社

Hare, R. D. (1991). *The Hare Psychopathy Checklist-Revised.* Multu-Health Systems.

Heavey, C. L., Layne, C., & Christensen, A. (1993). Gender and conflict structure in marital interaction: A replication and extension. *Journal of Consulting and Clinical Psychology, 61* (1), 16-27.

Hickey, E. W. (2000). *Serial murderers and their victims.* Thomson.

疋田 圭男 (1971). ポリグラフ検査の有効性 科学警察研究所報告 (法科学編), *24*, 230-

235.

平 伸二・中田 美喜子・松田 俊・柿木 昇二（1989）．事象関連電位（P3 及び CNV）を指標
　　とした虚偽検出　生理心理学と精神生理学, *7*, 11-17.

Hirschi, T.（1969）．*Causes of delinquency.* University of California Press.

Holmes, R. M., & Holmes, S. T.（2009）．*Profiling violent crimes: An investigation tool*（4th
　　ed.）．SAGE.

Holmes, R. M., & Holmes, S. T.（2010）．*Serial murder*（3rd ed.）．SAGE.

Homant, R. J., & Osowski, G.（1981）．Evaluation of the "scared straight" model: Some
　　methodological and political considerations. *Corrective and Social Psychiatry and Journal
　　of Behavior Technology, Methods and Therapy, 27*, 130-134.

法務省（各年度版）．犯罪白書

法務省保護局ホームページ
　　〈http://www.moj.go.jp/hogo1/soumu/hogo_index.html〉（2011 年 11 月 1 日）

法務総合研究所（2016）．性犯罪に関する総合的研究　研究所報告 55　法務省

Huesmann, L. R., Eron, L. D., Lefkowitz, M. M., & Walder, L. O.（1984）．Stability of
　　aggression over time and generations. *Developmental Psychology, 20*, 1120-1134.

Inbau, F. E., Reid, J. E., & Buckley, J. P.（1986）．*Criminal interrogation and confessions.*
　　Williams and Wilkins.

Ishikawa, S. S., & Raine, A.（2001）．Bahavioral genetics and crime. In J. Glicksohn（Ed.），
　　The neurobiology of criminal behavior. Kluwer Academic Publishers.

Jeffery, C.（1971）．*Crime prevention through environmental design.* SAGE.

Kafka, M. P.（2003）．Sex offending and sexual appetite: The clinical and theoretical relevance
　　of hypersexual desire. *International Journal of Offender Therapy and Comparative
　　Criminology, 47*（4），439-451.

加藤 司（2009）．離婚の心理学――パートナーを失う原因とその対処――　ナカニシヤ出
　　版

Kaufman, J., & Ziegler, E.（1989）．The intergenerational transmission of child abuse. In D.
　　Cicchetti, & V. K. Carlson（Eds.），*Child maltreatment: Theory and research on the causes
　　and consequences of child abuse and neglect.* Cambridge University Press.

家庭裁判所調査官研修所（2001）．重大少年事件の実証的研究　司法協会

警視庁　性犯罪から身を守る　警視庁ホームページ
　　〈http://www.keishicho.metro.tokyo.jp/kouhoushi/no1/koramu/koramu8.htm〉（2011
　　年 11 月 1 日）

Kellermann, K., Rivara, F. P., Rushforth, N. B., Banton, J. G., Reay, D. T., Francisco, J. T.,
　　Locci, A. B., Prodzinski, J., Hackman, B. B., & Somes, G.（1993）．Gun ownership as a

risk factor for homicide in the home. *New England Journal of Medicine, 329* (15), 1084-1091.

Knight, R., & Prentky, R. (1987). The developmental antecedents and adult adaptations of rapist subtypes. *Criminal Justice and Behavior, 14*, 403-426.

小林 登 (2001). 児童虐待および対策の実態把握に関する総合的研究　平成 12, 13 年度厚生科学研究　主任研究者：小林 登

小宮 信夫 (2006). 犯罪に強いまちづくりの理論と実践――地域安全マップの正しいつくり方――　イマジン出版

Krueger, A. B. (2007). *What makes a terrorist: Economics and roots of terrorism.* Princeton University Press.

Lab, S. P., & Whitehead, J. T. (1988). An analysis of juvenile correctional treatment. *Crime and Delinquency, 34*, 60-85.

Lange, J. (1929). *Crime as destiny.* Charles Boni.

Leary, M. R., Kowalski, R. M., Smith, L., & Phillips, S. (2003). Teasing, rejection, and violence: Case studies of the school shootings. *Aggressive Behavior, 29* (3), 202-214.

Lefkowitz, M. M., Eron, L. D., Walder, L. O., & Huerman, L. R. (1977). *Growing up to be violent.* Plenum.

Levinson, J. S., & Cotter, L. P. (2005). The effect of Megan's law on sex offender reintegration. *Journal of Contemporary Criminal Justice, 21*, 49-66.

Levitt, S. D., & Dubner, S. J. (2006). *Freakonomics: A rogue economist explores the hidden side of everything* (Rev, and expanded ed.). Harper Collins.
（レヴィット，S. D. ・ダブナー，S. J. 望月 衛（訳）(2007). ヤバい経済学――悪ガキ教授が世の裏側を探検する――［増補改訂版］　東洋経済新報社）

Linz, D., Donnerstein, E., & Adams, S. M. (1989). Physiological desensitization and judgments about female victims of violence. *Human Communication Research, 15*, 509-522.

Lipsey, M. W., & Wilson, D. B. (1998). Effective interventions with serious juvenile offenders: A synthesis of research. In R. Loeber, & D. P. Farrington (Eds.), *Serious and violent juvenile offenders: Risk factors and successful interventions.* SAGE.

Loftus, E. F. (1980). *Eyewitness testimony.* Harvard University Press.

Loftus, E. F., & Palmer, J. C. (1974). Reconstruction of automobile destruction: An example of the interaction between language and memory. *Journal of Verbal Learning and Verbal Behavior, 13*, 585-589.

Lombroso, C. (1911). *Crime: Its causes and remedies.* Little, Brown.

Lott, J. R. (2000). *More guns, less crime: Understanding crime and gun control laws* (2nd ed.).

University of Chicago Press.

Lundman, R.（1993）. *Prevention and control of juvenile delinquency*（2nd ed.）. Oxford University Press.

Lyons, M. J.（1996）. A twin study of self-reported criminal behaviour. In Ciba Foundation Symposium, *Genetics of criminal and antisocial behavior*. Wiley. pp. 61-75.

MacKenzie, D. L., & Shaw, J. W.（1993）. The impact of shock incarceration on technical violations and new criminal activities. *Justice Quarterly, 10*, 463-487.

Malamuth, N. M.（1981）. Rape proclivity among males. *Journal of Social Issues, 37*, 138-157.

Markey, P. M., Markey, C. N., & French, J. E.（2015）. Violent video games and real-world violence: Rhetoric versus data. *Psychology of Popular Media Culture, 4*（4）, 277-295.

Marry, S., & Harsent, L.（2000）. Intruders, pilferers, raiders and invaders: The interpersonal dimension of burglary. In D. Canter, & L. Alison（Eds.）, *Profiling property crimes*. Ashgate.

Martinson, R.（1974）. What works?: Questions and answers about prison reform. *Public Interest, 35*, 22-54.

Maruna, S.（2001）. *Making good: How ex-convicts reform and rebuild their lives*. American Psychological Association.

Matthews, R., Pease, C., & Pease, K.（2001）. Repeated bank robbery: Theme and variations. *Crime Prevention Studies, 12*, 153-164.

Mednick, S. A., Gabrielli, W. H., & Hutchings, B.（1984）. Genetic influences in criminal convictions: Evidence from an adoption cohort. *Science, 224*, 201-220.

Megargee, E. I., Bohn, M. J., Meyer, J. M., & Carlson, N. A.（1979）. *Classifying criminal offenders: New system based on MMPI*. SAGE.

三本 照美・深田 直樹（1999）. 連続放火犯の居住地推定の試み――地理的重心モデルを用いた地理プロファイリング―― 科学警察研究所（防犯少年編）, *40*, 23-36.

水田 恵三・小林 裕・渡辺 成夫・小野 直広（2001）. トルネード仮説の実証的研究 犯罪心理学研究, *39*, 46-47.

Moffitt, T. E.（1993）. Adolescence-limited and life-course-persistent antisocial behavior: A developmental taxonomy. *Psychological Review, 100*（4）, 674-701.

Moston, S., Stephanson, G. M., & Williamson, T. M.（1992）. The effects of case characteristics on suspect behavior during police questioning. *British Journal of Criminology, 32*, 23-40.

Mullen, P. E., Pathé, M., & Purcell, R.（2000）. *Stalking and their victims*. Cambridge University Press.

　　（ミューレン, P. E.・パテ, M.・パーセル, R. 詫摩 武俊（監訳）安岡 真（訳）

（2003）．ストーカーの心理——治療と問題の解決に向けて—— サイエンス社）

Nevin, R.（2000）. How lead exposure relates to temporal changes in IQ, violent crime, and unwed pregnancy. *Environmental Research, 83*（1）, 1-22.

Nisbett, R. E., & Cohen, D.（2018）. *Culture of honor: The psychology of violence in the South.* Routledge.

越智 啓太（2008）．犯罪捜査の心理学——プロファイリングで犯人に迫る—— 化学同人

越智 啓太（2010）．銀行・郵便局強盗の犯行パターン 法政大学文学部紀要, *61*, 175-181.

越智 啓太・木戸 麻由美（2010）．大量殺傷犯人の属性と犯行パターン（1）——日本における大量殺傷事件の類型—— 法政大学文学部紀要, *62*, 113-124.

大渕 憲一・石毛 博・山入端 津由・井上 和子（1985）．レイプ神話と性犯罪 犯罪心理学研究, *23*, 1-12.

大江 由香・森田 展彰・中谷 陽二（2008）．性犯罪少年の類型を作成する試み——再非行のリスクアセスメントと処遇への適用—— 犯罪心理学研究, *46*（2）, 1-13.

奥田 剛士（2017）．加害者特性と矯正 越智 啓太・桐生 正幸（編著）テキスト司法・犯罪心理学 北大路書房

大久保 智生・時岡 晴美・岡田 涼（編）（2013）．万引き防止対策に関する調査と社会的実践——社会で取り組む万引き防止—— ナカニシヤ出版

Olweus, D., Mattsson, Å., Schalling, D., & Löew, H.（1988）. Circulating testosterone levels and aggression in adolescent males: A causal analysis. *Psychosomatic Medicine, 50*（3）, 261-272.

小塩 真司（2004）．自己愛の青年心理学 ナカニシヤ出版

Pablant, P., & Baxter, J. C.（1975）. Environmental correlates of school vandalism. *Journal of American Institute of Planners, 41*, 270-279.

Pavlidis, J., Eberhardt, N. L., & Levine, J. A.（2002）. Seeing through the face of deception. *Nature, 415*, 35.

Pillmer, K., & Wolf, R.（1986）. *Elder abuse: Conflict in family.* Auburn House.

Poyner, B.（1983）. *Design against crime: Beyond defensible space.* Butterworths.

Raine, A.（1993）. *The psychopathology of crime: Criminal behavior as a clinical disorder.* Academic Press.

Raskin, D. C., & Honts, C. R.（2002）. The comparison question test. In M. Kleiner（Ed.）, *Handbook of polygraph testing.* Academic Press.

Reckless, W. C., Dinitz, S., & Murray, E.（1956）. Self concept as an insulator against delinquency. *American Sociological Review, 21*（6）, 744-746.

Rengert, G. F., & Wasilchick, J.（2000）. *Suburban burglary: A tale of two suburbs.* C. C. Thomas.

Ressler, R. K., Burgess, A. W., & Douglas, J. E. (1988). *Sexual homicide: Patterns and motives.* Lexington Books.

Rhee, S. H., & Waldman, I. D. (2002). Genetic and environmental influences on antisocial behavior: A meta-analysis of twin and adoption studies. *Psychological Bulletin, 128,* 490–529.

Rosenberg, D. A. (1987). Web of deceit: A literature review of Munchausen Syndrome by Proxy. *Child Abuse Neglect, 11,* 547–563.

Rosenfeld, B. (2004). Violence risk factors in stalking and obsessional harassment: A review and preliminary meta-analysis. *Criminal Justice and Behavior, 31,* 9–36.

Sakheim, G. A., & Osborn, E. (1999). Severe vs. nonsevere firesetters revisited. *Child Welfare, 78,* 411–434.

Schuessler, K. F., & Cressey, D. B. (1950). Personality characteristics of criminals. *American Journal of Sociology, 55,* 476–484.

Scott, J. E., & Schwalm, L. A. (1988). Rape rates and the circulation rates of adult magazines. *The Journal of Sex Research, 24,* 241–250.

Searcy, J. H., Bartlett, J. C., & Memon, A. (1999). Age differences in accuracy and choosing in eyewitness identification and face recognition. *Memory and Cognition, 27,* 538–552.

Sherman, L. W., & Berk, R. A. (1984). The specific deterrent effects of arrest for domestic assault. *American Sociological Review, 49,* 261–272.

消防庁 (2009). 平成 21 年　消防統計

総務庁青少年対策本部 (1999). 平成 10 年非行原因に関する総合的研究調査報告書　総務庁

Stadolnik, R. F. (2000). *Drawn to the flame: Assessment and treatment of juvenile firesetting behavior.* Professional Resource Exchange.

Straus, M. A. (1974). Leveling, civility, and violence in the family. *Journal of Marriage and the Family, 36,* 13–29.

鈴木 護 (2004). 連続放火の犯人像　渡辺 昭一 (編) 捜査心理学　北大路書房

Sykes, G., & Matza, D. (1957). Techniques of neutralization: A theory of delinquency. *American Sociological Review, 22,* 664–673.

田口 真二・池田 稔・桐生 正幸・平 伸二 (2010). 性犯罪の行動科学――発生と再発の防止に向けた学際的アプローチ――　北大路書房

高村 茂・横井 幸久・山本 修一 (2002). 強盗事件データの分析 (5)　犯罪心理学研究, *40,* 134–135.

Tennenbaum, D. J. (1977). Personality and criminality a summary and implications of the literature. *Journal of Criminal Justice, 5,* 225–235.

Thistlethwaite, A., Wooldredge, J., & Gibbs, D. (1998). Severity of dispositions and domestic violence recidivism. *Crime and Delinquency, 44*, 388–398.

内山 絢子・及川 里子・加門 博子 (1998). 高校生・大学生の性被害の経験 科学警察研究所報告 防犯少年編, *39*, 32–43.

Vazsonyi, A. T., Pickering, L. E., Junger, M., & Hessing, D. (2001). An empirical test of a general theory of crime: A four-nation comparative study of self-control and the prediction of deviance. *Journal of Research in Crime and Delinquency, 38*, 91–131.

Vrij, A. (2000). *Detecting lies and deceit: The psychology of lying and the implications for professionals practice*. Wiley.

Waldo, G. P., & Dinitz, S. (1967). Personality attributes of the criminal: An analysis of research studies, 1950–1965. *Journal of Research in Crime and Delinquency, 4*, 185–202.

Walsh, D. (1980). *Break-ins: Burglury from private houses*. Constable.

渡邉 和美 (2004). 年少者わいせつ事件の犯人像 渡辺 昭一 (編) 捜査心理学 北大路書房

渡邉 和美 (2005). 犯罪者プロファイリング 越智 啓太 (編) 犯罪心理学 朝倉書店

渡邉 和美・田村 雅幸 (1998a). 捜査心理学と犯人像推定 第5回 幼小児誘拐・わいせつ犯の犯人像 (上) ——犯人の基本的属性—— 警察学論集, *51* (5), 142–158.

渡邉 和美・田村 雅幸 (1998b). 捜査心理学と犯人像推定 第6回 幼小児誘拐・わいせつ犯の犯人像 (下) ——事件の形態と類型—— 警察学論集, *51* (6), 173–196.

渡辺 昭一 (編) (2004). 捜査心理学 北大路書房

渡辺 昭一・横田 賀英子 (1999). 否認被疑者の自供に至る心理 (3) ——取調べの成功を決定する要因—— 科学警察研究所報告 (防犯少年編), *40*, 37–47.

Welsh, B. C., & Farrington, D. P. (2009). Public area CCTV and crime prevention: An updated systematic review and meta-analysis. *Justice Quarterly, 26* (4), 716–745.

Widom, C. S. (1989). Child abuse, neglect, and adult behavior: Research design and findings on criminality, violence, and child abuse. *American Journal of Orthopsychiatry, 59*, 355–367.

Wilson, J. Q., & Kelling, G. L. (1982). Broken windows: The police and neighborhood safety. *Atlantic Monthly*, March, 29–38.

Woodworth, M., & Porter, S. (2002). In cold blood: Characteristics of criminal homicides as a function of psychopathy. *Journal of Abnormal Psychology, 111*, 436–445.

Wright, B. R. E., Caspi, A., Moffitt, T. E., & Silvia, P. A. (2006). The effects of social ties on crime vary by criminal propensity: A life-course model of interdependence. *Criminology, 39*, 321–348.

Wright, R. T., & Decker, S. (1997). *Armed robbers in action: Stickup and street culture*.

Northeastern University Press.

Wright, W. E., & Dixon, M. C.（1977）.　Community prevention and treatment of juvenile delinquency. *Journal of Research in Crime and Delinquency, 14*, 35-67.

山本 功（2005）.　高校生のアルバイトは非行を抑止するか　犯罪社会学研究, *30*, 138-150.

矢尾 和子・大坪 和敏（編）（2017）.　裁判実務フロンティア　家事事件手続　有斐閣

横田 賀英子・大塚 祐輔・倉石 宏樹・和智 妙子・渡邉 和美（2014）.　男性露出犯の犯行特徴と犯人像に関する分析　日本法科学技術学会誌, *19*（1）, 19-30.

米川 茂信（1995）.　学歴アノミーと少年非行　学文社

Zimbardo, P. G.（1969）.　The human choice: Individuation, reason and order versus deindividuation, impulse, and chaos. In W. J. Arnold, & D. Levine（Eds.）, *Nebraska Symposium on Motivation*（pp.237-307）. University of Nebraska Press.

人名索引

事 項 索 引

著者略歴

越智　啓太 (おち　けいた)

1992 年　学習院大学大学院人文科学研究科心理学専攻博士前期課程修了
1992 年　警視庁科学捜査研究所研究員
2001 年　東京家政大学文学部心理教育学科助教授
2006 年　法政大学文学部心理学科准教授
現　　在　法政大学文学部心理学科教授

主要編著書・訳書

『犯罪心理学』（編著）（朝倉書店，2005）

『犯罪捜査の心理学——プロファイリングで犯人に迫る』（単著）（化学同人，2008）

『自伝的記憶の心理学』（共編著）（北大路書房，2008）

『法と心理学の事典——犯罪・裁判・矯正』（共編著）（朝倉書店，2011）

『心理学の「現在」がわかるブックガイド』（共著）（実務教育出版，2011）

『子どもの頃の思い出は本物か——記憶に裏切られるとき』（共訳）（化学同人，2011）

『ケースで学ぶ犯罪心理学』（単著）（北大路書房，2013）

『つくられる偽りの記憶——あなたの思い出は本物か』（単著）（化学同人，2014）

『記憶心理学と臨床心理学のコラボレーション』（共編著）（北大路書房，2015）

『ワードマップ　犯罪捜査の心理学——凶悪犯の心理と行動に迫るプロファイリングの最先端』（単著）（新曜社，2015）

『高齢者の犯罪心理学』（編著）（誠信書房，2018）

『テロリズムの心理学』（編著）（誠信書房，2019）

『セキュリティの心理学——組織・人間・技術のマネジメント』（共著）（海文堂出版，2019）

Progress & Application = 14

Progress & Application
司法犯罪心理学

| 2020 年 9 月 25 日 ⓒ | 初 版 発 行 |
| 2023 年 10 月 10 日 | 初版第 5 刷発行 |

著　者　越智啓太

発行者　森平敏孝
印刷者　中澤　眞
製本者　小西惠介

発行所　**株式会社　サイエンス社**
〒151-0051　東京都渋谷区千駄ヶ谷 1 丁目 3 番 25 号
営業 TEL　(03)5474-8500（代）　振替 00170-7-2387
編集 TEL　(03)5474-8700（代）
FAX　　　(03)5474-8900

組版　ケイ・アイ・エス
印刷　㈱シナノ　製本　ブックアート
《検印省略》

ISBN978-4-7819-1481-7

PRINTED IN JAPAN

サイエンス社のホームページのご案内
https://www.saiensu.co.jp
ご意見・ご要望は
jinhun@saiensu.co.jp　まで.